Ulrich Kühne-Hellmessen

100 ×
VERRÜCKTE BUNDESLIGA

Die unglaublichsten Geschichten und Momente

Bibliografische Information der Deutschen Nationalbibliothek:
Die Deutsche Nationalbibliothek verzeichnet diese Publikation in der
Nationalbibliografie;
detaillierte bibliografische Daten sind im Internet über http://d-nb.de abrufbar.

Copyright @ 2016 by riva Verlag, ein Imprint der Münchner Verlagsgruppe GmbH

Nymphenburger Straße 64, 80636 München
Tel.: 089 651285-0, Fax: 089 652096, info@rivaverlag.de

Alle Rechte vorbehalten. Kein Teil des Werkes darf ohne schriftliche Genehmigung
des Verlages reproduziert oder unter Verwendung elektronischer Systeme gespei-
chert, verarbeitet, vervielfältigt oder verbreitet werden.

Herausgeber: Ulrich Kühne-Hellmessen
Produktion/Realisation: Spobucom, München
Schlussredaktion (Lektorat):
Michael Köhler, Frankfurt am Main
Fotos: Picture Alliance
Grafische Gestaltung: Véronique de Céa, Berlin
Druck: Firmengruppe APPL, aprinta Druck, Wemding
Printed in Germany

ISBN: 978-3-86883-875-6

Weitere Informationen zum Verlag finden Sie unter www.riva-verlag.de.
Beachten Sie auch unsere weiteren Verlage unter www.muenchner-verlagsguppe.de

Liebe Leserinnen und Leser,

100 verrückte Geschichten: Die Bundesliga hat in ihren nunmehr über 50 Jahren für viele Schlagzeilen gesorgt. Gravierende und lustige, unfassbare und manchmal unbegreifliche. Die Geschichten auf und außerhalb des Rasenrechtecks sorgen dafür, dass der Fußball im Gespräch und somit interessant bleibt. Es gibt viel zu reden und es gibt viel zu erzählen.

Dieses Buch hat die unglaublichsten Momente der Bundesliga-Geschichte festgehalten. Vom ersten Platzverweis, den ausgerechnet ein Weltmeister kassierte, bis zu den fünf Toren binnen neun Minuten, die Bayerns Mittelstürmer im September 2015 erzielte. Der Weltmeister hieß Helmut Rahn, der Fünf-Tore-Rekordler Robert Lewandowski.
Es sind die Typen, die den Fußball so interessant machen und dafür sorgen, dass uns dieses Spiel immer neu fasziniert. Namen wie Willi »Ente« Lippens, Sepp Maier, Wolfram Wuttke oder Mario Basler sind unvergessen und zeugen von hohem Unterhaltungswert.
Wir haben dieses Buch nicht chronologisch geordnet, sondern alphabetisch. Daraus ergibt sich eine faszinierende Mixtur aus Vergangenheit und Gegenwart, aus krassen Ereignissen und sportlichen Rekorden. Der Kugelblitz Aílton darf ebenso wenig fehlen wie Meistertrainer Branko Zebec, der sanft von der Trainerbank kippte. Herbert Laumen erzählt, wie es zum Torpfostenbruch in Mönchengladbach kam, und Friedel Rausch, wie er im Derby gegen Dortmund mit einem Schäferhund unliebsame Bekanntschaft machte. Franz Beckenbauer mit seinem blauen Auge fehlt ebenso wenig wie Kevin Großkreutz und sein unrühmlicher Döner-Wurf, der Tonnentritt von Jürgen Klinsmann oder die legendäre Kultrede von Trapattoni.
Episoden, allesamt lesens- und liebenswert.

Viel Spaß bei der Lektüre wünscht

Ulrich Kühne-Hellmessen
Herausgeber

AÍLTON GONÇALVES DA SILVA

Torjägerkanone auf eBay

Er war der erste Ausländer, der in Deutschland zum Fußballer des Jahres gewählt wurde. 2004 war das, und es war sein Jahr: Torschützenkönig mit 28 Treffern, Meister mit Werder Bremen, Pokalsieger dazu und gefeiert als »Kugelblitz«. Aílton Gonçalves da Silva, den alle nur als Aílton kennen, war mit 31 Jahren auf dem Höhepunkt seiner Karriere. Den Ruhm ließ er sich bezahlen, wechselte zu Schalke 04. Und begann anschließend eine Odyssee, die ihn über die Türkei, die Schweiz und China am Ende zurück nach Deutschland bis zu Hassia Bingen führte, wo er 2013 mit 40 Jahren seine Laufbahn beendete. Insgesamt brachte er es in seiner Karriere auf 21 Stationen in neun Ländern, ehe er in seine Heimat Brasilien zurückkehrte.

In Bremen haben sie ihn geliebt und verehrt. Und richteten für ihn deshalb im September 2014 auch ein Abschiedsspiel aus, unter anderem deshalb, weil er während seiner Karriere stets über seine finanziellen Verhältnisse gelebt hatte. Die Bremer Doublesiegerelf von 2004 traf dabei auf eine Südamerikaauswahl – und Aílton verabschiedete sich mit drei Toren. Zur gleichen Zeit aber sorgte ein Verkaufsangebot auf der Online-Plattform eBay für Aufsehen. Da wurde die Torjägerkanone angeboten, die Aílton im Jahr 2004 gewonnen hatte. Sein ehemaliger Berater Werner Helleckes hatte die Versteigerung initiiert. Die Kanone – so Helleckes – gehöre ihm und sei 2006 seiner Firma überschrieben worden, weil Aílton ihm 400.000 Euro schulde. Schon 2007 war die Kanone übrigens einmal auf der Verkaufsplattform aufgetaucht. Da lag das Höchstgebot bei 600.000 Euro, bis Aílton per einstweiliger Verfügung den Verkauf stoppen konnte.

GOLDENE ZEITEN. Aílton trägt den Pokal im Arm und die goldenen Schuhe um den Hals. 2004 war sein Jahr. Er gewann mit Bremen das Double und wurde Torschützenkönig der Bundesliga.

»NICHT DIE GROSSEN FRESSEN DIE KLEINEN,
SONDERN DIE SCHNELLEN DIE LANGSAMEN.«
(REINER CALMUND)

WOLF-DIETER AHLENFELDER

Der einzige Schiri, der nach 32 Minuten zur Halbzeit bat

Wolf-Dieter Ahlenfelder, am 2. August 2014 viel zu früh verstorben, hält einen einsamen Rekord. Er ist der einzige Schiedsrichter, der schon nach 32 Minuten zur Halbzeit bat.

Es passierte am 8. November 1975. Ahlenfelder leitete die Partie zwischen Werder Bremen und Hannover 96. Und wollte bereits nach etwas über einer halben Stunde die beiden Teams zum Pausentee schicken. Ahlenfelder erzählte, als wenn es gestern gewesen wäre: »Da kam der Höttges zu mir und sagte: ›Schiri, kann nicht sein, mein Trikot ist ja noch nicht nass.‹ Da habe ich zu meinem Assistenten geschaut und einen Schiriball gegeben. Weiter ging's. Irgendwat hat mit meiner Uhr nicht gestimmt.«

Ahlenfelder war, wie damals üblich, von Gastgeber Bremen zum Mittagessen eingeladen worden. Es gab Gans. Dazu, so Ahlenfelder, »ein Bierchen und Malteser für alle obendrauf«. Wie viele Bierchen es waren, wird sein Geheimnis bleiben. Aber wer in Bremen heute einen »Ahlenfelder« bestellt, erhält noch immer ein Gedeck mit Bier und Malteser. Der frühe Pfiff hat den Mann aus Oberhausen berühmt gemacht.

ENERGISCH. Wolf-Dieter Ahlenfelder in seinem Element, mit Pfeife im Mund und Herr der Situation. Nicht immer …

»DIE SCHÖNSTEN TORE SIND DIEJENIGEN, BEI DENEN DER BALL SCHÖN FLACH OBEN REINGEHT.« (MEHMET SCHOLL)

RUDI ASSAUER

Der Macho im Kampf gegen das Vergessen

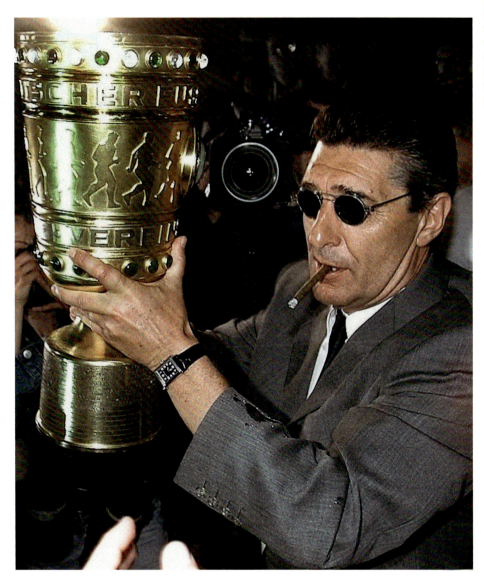

TYPISCH. Die Zigarre im Mund, die Sonnenbrille im Gesicht, den Pokal in der Hand. Rudi Assauer prägte als Schalkes Manager die Bundesliga nachhaltig.

Was für ein Mann. Was für eine Ausstrahlung. Was für eine Persönlichkeit. Rudi Assauer prägte das Bild der Bundesliga über mehr als 40 Jahre. Erst als Spieler bei Bremen; dann bei den Dortmundern, mit denen er 1966 den Europapokal der Pokalsieger gewann. Schließlich als Manager. Mit ihm an der Spitze feierte Schalke 04 ab 1997 seine größten Erfolge. Seine Markenzeichen: Zigarre im Mund, immer einen derben Spruch auf den Lippen.

Auch Alkohol war bei ihm oft im Spiel. Wie am 11. Mai 2002 bei der tumultartigen Jubelfeier nach dem Pokalerfolg gegen Leverkusen (4:2). Irgendwann im Lauf der Triumphfahrt durch Gelsenkirchen fiel dem Manager der Pokal aus der Hand. Während die Anhänger den bananenkrummen Pott gleich auf tausendfach verkauften T-Shirts verewigten, zeigte sich Wilhelm Nagel weniger erfreut. Der Goldschmied der Kölner Werkkunstschule und Schöpfer der Trophäe benötigte für die Reparatur 700 Arbeitsstunden, musste den verbogenen oberen Ring austauschen, die Beulen am krumm gewordenen Sockel entfernen, die Dellen an den Seiten ausgleichen, Bergkristalle und Turmaline neu einsetzen. Ob der geringen Wertschätzung seiner Arbeit zeigte sich der Künstler äußerst erbost: »Die Herren wissen das nicht zu schätzen.« Assauers Konter: Er rief bei Nagel in Köln an und wies ihn sachte darauf hin, der Goldschmiedemeister möge ihm bitte nicht weitere Journalisten auf den Hals hetzen.

So war er, der letzte Macho der Bundesliga. Schon als Spieler hatte er mit nacktem Oberkörper posiert, später glänzte er mit seiner Lebensgefährtin, der Fernsehschauspielerin Simone Thomalla, in ironischen Werbespots des Schalke-Sponsors (»Nur gucken, nicht anfassen«). 2006 war dann plötzlich Schluss auf Schalke, es wurde still um Assauer. Bis zum Januar 2012. Da brachte er seine im Riva-Verlag erschienene Autobiografie »Wie ausgewechselt« auf den Markt und bekannte öffentlich: Ich habe Alzheimer. Er ging dabei einen typischen Assauer-Weg. Ein großes deutsches Boulevardblatt hatte bereits einen Vorabdruck aus dem Buch gebracht – das ZDF sendete schließlich eine Doku. »Assi« (so sein Spitzname) stellte sich mit Pauken und Trompeten seiner Krankheit, auch wenn damals schon klar war, dass er den Kampf nicht gewinnen kann.

PIERRE-EMERICK

AUBAMEYANG

Der Batman aus Gabun

Natürlich hat Pierre-Emerick Emiliano François Aubameyang (so sein voller Name) auch sportliche Schlagzeilen geschrieben. Der Kapitän der gabunischen Nationalmannschaft, in Laval/Frankreich geboren, glänzte in seinem ersten Spiel als dreifacher Torschütze. Das war im August 2013 beim 4:0-Sieg von Borussia Dortmund in Augsburg. Damit war er der erste Torschütze aus Gabun in der Bundesliga.

> »DER JÜRGEN KLINSMANN UND ICH, WIR SIND EIN GUTES TRIO. ICH MEINTE: EIN QUARTETT.«
> (FRITZ WALTER)

JUBELPOSE. Pierre-Emerick Aubameyang und Marco Reus feiern ein Tor gegen Schalke als Batman und Robin.

Zudem hatte kein BVB-Neuling bisher in seinem ersten Spiel gleich dreimal getroffen. Zu Beginn der Saison 2015/16 erzielte er in den ersten acht Saisonspielen hintereinander mindestens einen Treffer. Auch das war vor ihm noch keinem gelungen. Als erster Spieler der Bundesliga wurde er 2016 zudem zu Afrikas Fußballer des Jahres gewählt.

Mehr noch aber fällt der Mann, der die 30 Meter in 3,75 Sekunden sprintet und somit einer der schnellsten Fußballer weltweit ist, durch exzentrische Frisuren, extravagante Kleidung, rassige Autos und ausgefallene Jubelarien auf. Beim Supercupsieg über den FC Bayern zu Beginn der Saison 2014/15 zeigte Dortmunds Nummer 17 ein Spiderman-T-Shirt. Aber unvergessen ist vor allem der Jubel im Februar 2015 beim 3:0-Sieg über Schalke 04.

Für das Derby hatten sich Marco Reus und Aubameyang beim Mittagessen einen besonderen Coup ausgedacht. Sie deponierten neben dem Schalker Tor eine Plastiktüte mit Maskeninhalt. Nach seinem 1:0 (78.) verwandelte sich der Schütze mit einem Umhang in Batman und gab seinem Offensivpartner eine Augenbinde, damit der den Fledermausgehilfen Robin mimen konnte. »Wir wollten mal ein wenig Spaß reinbringen«, sagte Reus über den kreativen Torjubel. Weil »Robin« beim nächsten Derby verletzt fehlte, setzte der Gabuner zu einer Solofeier an. Diesmal zeigte der Stürmerstar ein T-Shirt unter dem Trikot mit dem Fledermaus-Aufdruck und dem Spruch »Do you remember?« – in Anspielung an den vorherigen Torjubel.

»Eine der schillerndsten Figuren der Bundesliga«, urteilte eine deutsche Tageszeitung nach dieser Aktion, mit der der Revierrivale Schalke, sehr zu seinem Leidwesen, schon zum zweiten Mal zum Auba-Opfer geworden war. Der damalige BVB-Trainer Jürgen Klopp, der noch die ersten Schauspieleinlagen seines Stürmerstars miterlebt hatte, fand sie übrigens ebenfalls nicht besonders witzig und verwies auf DFB-Recht und -Gesetz: »Wenn er fünfmal mit Maske jubelt und Gelb sieht, ist Aubameyang gesperrt.«

KLAUS AUGENTHALER

»Ich stelle hier die Fragen«

Der Mann aus Niederbayern, jahrelang Kapitän des FC Bayern und bestbezahlter Bundesligaprofi in den 1990ern, war stets kurz angebunden und kein Mann großer Worte. Legendär waren die Zusammenkünfte in seinem Partykeller, wenn es galt, mal wieder ohne Trainer eine Bayern-Krise in den Griff zu bekommen, und die ganze Mannschaft dabei tief ins Glas schaute. Was bei diesen Treffen wirklich passierte, bleibt wohl ein ewiges Bayern-Geheimnis.

Ganz offen aber trug der Trainer Klaus Augenthaler seine Distanz zu den Medien als Trainer des VfL Wolfsburg zur Schau. Eine Pressekonferenz vom 10. Mai 2007 vor der Begegnung bei Alemannia Aachen fiel so bemerkenswert aus, dass wir sie hier im Wortlaut wiedergeben. »Auge« stellte sich selbst vier Fragen, die er auch sofort beantwortete. Nach 42 Sekunden war alles vorbei:

»Guten Tag! Es gibt vier Fragen und vier Antworten. Die Fragen stelle ich, die Antworten gebe ich auch. Erstens: Wie ist die Stimmung in der Mannschaft? Die Mannschaft hat hervorragend gearbeitet.
Zur Taktik: ein oder zwei Stürmer? Das liegt daran, wie die personelle Situation ist und welche Spieler verletzt sind.
Zum Gegner? Aachen wird sicherlich Druck machen, darauf müssen wir vorbereitet sein.
Und ob die Mannschaft dem Druck standhält? Wir haben hervorragend gearbeitet, die Mannschaft wird die Antwort auf dem Platz geben.
Danke schön!«

AUFTRITT. Nur 42 Sekunden dauerte die berühmte Pressekonferenz von Klaus Augenthaler als Wolfsburgs Trainer.

HARRY BÄHRE

Der Spieler mit der Passnummer 001

Jeder Amateurfußballer kennt das. Der Spielerpass regelt die Spielberechtigung, er wird vom Verband ausgestellt, mit einem Foto versehen und vom Schiedsrichter vor dem Anpfiff kontrolliert ...

Solch ein Dokument besitzt natürlich auch jeder Bundesliga-Profi. Und so erlangte ein Spieler Berühmtheit, den nur eingefleischte Hanseaten kennen: Harry Bähre vom Hamburger SV. Stolz kann der Angreifer, der im Hamburger Stadtteil Lokstedt lebt, von sich behaupten: »Ich bin der Spieler mit der Passnummer 001.«

GESCHICHTE. Harry Bähre – hier beim Nordderby gegen Hannover im Bundesliga-Gründungsjahr – hat sich durch seine Passnummer verewigt.

Der Grund: Der HSV erhielt 1963 als Vertreter der Oberliga Nord als erster Verein die Spielberichtigung für die neu gegründete Bundesliga. Ein Spieler mit dem Anfangsbuchstaben A im Nachnamen stand damals nicht in den Hamburger Reihen. Und da die Mannschaftsmitglieder bei der Ausstellung der Pässe für die neue Spielklasse in alphabetischer Reihenfolge gelistet wurden, war Bähre die Nummer eins. Am 5. Oktober 1963 bestritt er beim 5:1 gegen Hertha BSC seine erste Bundesliga-Partie, insgesamt kam er auf 78 Einsätze. Auch nach dem Ende seiner Spielerkarriere blieb er dem HSV in vielen Funktionen treu: als A-Jugend-Trainer, Kotrainer bei den Profis, Scout, Berater von Präsident Uwe Seeler, Vizepräsident, Rechnungsprüfer und Manager der Altliga.

Bähres Pass landete übrigens im Reißwolf des DFB. In seiner Brieftasche trägt er bis heute aber den HSV-Mitgliedsausweis. Der hat die Nummer 1030 und ist datiert auf den 1. Juli 1956. Damit ist Harry Bähre eines der dienstältesten HSV-Mitglieder, das auch sportlich für den Klub aktiv war.

MICHAEL

ALLACK

Per Eigentor den Meistertitel vergeigt

Der 20. Mai 2000 hat sich als Höhepunkt der Vereinsgeschichte in die Annalen der SpVgg Unterhaching eingeschrieben. Ein Datum, das im Münchner Vorort keiner vergisst. Ein Tag aber auch, den Bayer 04 Leverkusen am liebsten aus dem Fußballgedächtnis löschen würde. Und Michael Ballack besonders.

UNGLÜCKSMOMENT. Michael Ballack grätscht den Ball ins eigene Tor. In Unterhaching verspielt er mit Leverkusen die fast sichere Meisterschaft.

12

Es war der Tag, als die Spielvereinigung die Sensation schaffte und Leverkusen den Titel verspielte. Mit 2:0 siegte Haching im letzten Spiel der Saison 1999/2000 gegen den bisherigen Tabellenführer, dem ein Punkt zur Meisterschaft gereicht hätte. Stattdessen sollte der FC Bayern seinen 16. Titel einfahren.

Als Hachings Trainer Lorenz-Günther Köstner drei Tage vor dem Endspiel die Geschäftsstelle aufsuchte, saß da Bayer-Manager Reiner Calmund, um die Einzelheiten für die Meisterfeier festzulegen. Nicht so einfach angesichts des kleinen »Sportparks« zu Unterhaching, der damals nur 11.300 Zuschauern Platz bot. Köstner: »Alles war für den Triumph von Leverkusen gerichtet. Bayer wollte ausgerechnet vor den Toren des großen Rivalen seinen Erfolg auskosten.«

Es kam anders. Bayern, das im nahe gelegenen Münchner Olympiastadion Werder Bremen zu Gast hatte, legte vor. 1:0, 2:0, 3:0 bis zur 16. Minute. Die 5.000 Bayern-Fans im Sportpark feierten, der Druck auf die Leverkusener wurde mit jedem Bayern-Tor größer. Und dann die Unglücksszene: Michael Ballack grätscht in eine flache Hereingabe und versenkt den Ball im eigenen Tor (21.). Es ist der Anfang vom Ende. Obwohl Trainer Christoph Daum mit Rink, Brdaric und Robson Ponte drei weitere Stürmer bei Bayer einwechselt, hält Hachings Gerhard Tremmel seinen Kasten sauber. Ein Konter sorgt in der 72. Minute für das 2:0 durch Oberleitner und die Entscheidung.

Das kleine Unterhaching hatte den FC Bayern München zum Meister gemacht. Und Bayer bald seinen Spitznamen weg: »Vizekusen«.

MARIO ASLER

Suspendierung nach der Pizza-Affäre

»Basler ist bis zum Hals Weltklasse«, sagte einst sein früherer Trainer Bernd Stange, »darüber aber nur Kreisklasse.«

Mario Basler war ein Typ. Einer, der Trainer zur Verzweiflung bringen und im nächsten Moment Weltklasseaktionen hervorzaubern konnte. Im Trikot der Bayern machte er sein vielleicht bestes Spiel im Champions-League-Finale 1999 gegen Manchester United. Sein 1:0 hätte ihm einen Platz in den Fußballgeschichtsbüchern gesichert, wenn da nicht Sølskjaer und Sheringham in den letzten Sekunden das Spiel noch gedreht hätten.

Ein halbes Jahr später verkündete Präsident Franz Beckenbauer nach einem 3:1-Heimsieg gegen Hertha: »Der FC Bayern München hat beschlossen, Mario Basler und Sven Scheuer wegen wiederholter Verstöße gegen die Pflichten eines Spielers vom Spielbetrieb zu suspendieren. Es wurde ihnen nahegelegt, sich umgehend einen anderen Verein zu suchen.« Mario Basler war über die sogenannte Pizza-Affäre gestolpert.

Was war passiert? Der Mittelfeldspieler, wie Ersatztorwart Scheuer zu dieser Zeit

> »ICH HATTE VOM FEELING HER EIN GUTES GEFÜHL.« (ANDREAS MÖLLER)

verletzt, war im Aufbautraining in Donaustauf bei Regensburg. Morgens um 3.20 Uhr gerieten sie in der Trattoria »da Fernando« in eine Rangelei mit Gästen und wurden anschließend von der Polizei vernommen. Für Manager Uli Hoeneß war damit das Maß voll: »Der Krug geht so lange zum Brunnen, bis er bricht. Jetzt ist er zerbrochen.« Der Vergleich mit dem Krug mag Zufall gewesen sein, aber Basler war den vom FC Bayern angeheuerten Detektiven zuvor schon mehrfach durch Alkoholexzesse aufgefallen. Es war die Zeit, als der FC Bayern als FC Hollywood galt – mit Mario Basler als einer der Hauptfiguren.

Das Register seiner Sünden aus der damaligen Zeit liest sich in der Tat ziemlich lang: geräuschvolle Auftritte zu nachtschlafender Zeit in Münchner Diskotheken und niederbayerischen Lokalen, Ausflüge in weit entfernte Spielkasinos am Tag vor einem Spiel,

SHOWSTAR. Mario Basler in Siegerpose. Ein Mann mit hohem Unterhaltungswert.

sein Hang zur Zockerei und sein allzu lockerer Umgang mit großen Geldsummen. Basler lieferte den Medien reichlich Gesprächsstoff – die Berliner Zeitung taufte ihn sogar »Harald Juhnke der Bundesliga« –, trotz mehrfacher Ermahnungen und saftiger Geldstrafen durch den Verein fand er mit seinen Kapriolen kein Ende. Hoeneß sprach davon, dass die bekannt gewordenen Vorwürfe nur die Spitze des Eisberges seien – man kann sich den Umfang von Baslers Bayern-Akte lebhaft vorstellen.

Nun also hatte das eine oder andere bis morgens um 3.20 Uhr genossene Weizenbier, nebst dem italienischen Nationalgericht, das Fass endgültig zum Überlaufen gebracht. Uli Hoeneß: »Sein Privatleben hat er einfach nicht in den Griff bekommen.« Baslers Konter: »Diesen Schwachsinn muss ich mir Gott sei Dank in Zukunft nicht mehr anhören.« Nach 78 Partien in Deutschlands höchster Spielklasse mit 18 Toren war Schluss in München. Basler wechselte im November 1999 für 1,5 Millionen Mark zum 1. FC Kaiserslautern, der letzten Station seiner Bundesliga-Karriere als aktiver Spieler.

Der Kaiserweg ist nicht etwa nach Beckenbauer benannt, sondern nach dem »Wilden Kaiser«, dem Hausberg des Tiroler Wintersportorts.

Wie er zu seinem Ehrentitel Kaiser gekommen ist – dazu existieren zwei Versionen. Die erste besagt, er sei anlässlich eines Freundschaftsspiels des FC Bayern 1971 in Wien vom Fotografen Herbert Sündhofer

> **»ES WAR NICHT DIE HAND GOTTES, SONDERN DIE WATSCHN EINES SECHZIGERS.«** (FRANZ BECKENBAUER ÜBER DIE BEWEGGRÜNDE, WARUM ER ZUM FC BAYERN WECHSELTE)

neben der Büste von Kaiser Franz Joseph I. abgelichtet worden. Der Autor Sepp Graf habe daraufhin eine Bildunterzeile mit dem »Fußball-Kaiser Franz« komponiert. Die andere Version handelt vom Pokalendspiel 1969 gegen Schalke 04, als Beckenbauer zunächst Reinhard »Stan« Libuda foulte, anschließend ausgebuht wurde und daraufhin vor der Schalker Fankurve eine halbe Minute lang den Ball demonstrativ auf seinem Fuß tanzen ließ. Im Vergleich mit dem »König von Westfalen« (so Libudas Spitzname) habe sich Beckenbauer damit das Prädikat »Kaiser« verdient. Vermutlich haben letztlich beide Geschichten zusammen zur Entstehung des kaiserlichen Mythos um Beckenbauer beigetragen.

Keine zwei Meinungen aber gibt es über das blaue Auge, das sich der Bayern-Star bei seinem Trainerdebüt einfing. 1994, damals eigentlich Vizepräsident bei den Münchnern, sprang Beckenbauer für Erich Ribbeck als Coach ein. Gleich bei seiner ersten Trainingseinheit passierte es: Beckenbauer, der Brillenträger, spielte im Kreis mit beim bekannten Spielchen fünf gegen zwei. Ein Querschläger von Thomas

FRANZ **BECKENBAUER**

Trainerstart mit blauem Auge

Um Franz Beckenbauer ranken sich viele verrückte Geschichten. Zum Beispiel die Story, warum er den Spitznamen »Kaiser« trägt oder sein Haus in Kitzbühel am Kaiserweg steht. Beginnen wir mit Letzterem.

Helmer landete in seinem Gesicht, traf die Brille und sorgte für einen deftigen Bluterguss. Eine Szene mit Symbolcharakter. Denn wie immer in seiner Karriere ging auch sein erstes Spiel als Bayern-Trainer verloren: 1:3 gegen Stuttgart. Und wie immer in seiner Karriere stand unter dem Strich dennoch der Erfolg. Beckenbauer machte den FC Bayern 1994 zum Meister.

TRAININGSUNFALL. Franz Beckenbauer stand mit blauem Auge bei seinem Trainerdebüt in München an der Seitenlinie.

KARIM BELLARABI
Rekordtor in neun Sekunden

BLITZTOR. Karim Bellarabi erzielt nach nur neun Sekunden das 1:0 in Dortmund. Es ist der Beginn der BVB-Krisensaison.

Der erste Spieltag der Saison 2014/2015. Leverkusen muss an jenem 23. August in Dortmund antreten. Anstoß, Calhanoglu passt auf Son, der tunnelt Piszczek, weiter zu Boenisch, dann zu Bellarabi. Der tunnelt Ginter und haut das Ding aus 13 Metern in den Kasten. Die Aktion dauerte ganze neun Sekunden. 0:1 nach neun Sekunden! Leverkusen siegte am Ende 2:0; für den BVB war es der Anfang einer langen Krise, in deren Verlauf der amtierende Vizemeister zeitweise sogar gegen den Abstieg kämpfte.

Das bis dahin schnellste Tor der Bundesliga-Geschichte war kein Zufall. Leverkusens neuer Trainer Roger Schmidt hatte die Überfalltaktik seiner Mannschaft eingebläut. Schon in der Vorbereitung in Jena hatte Julian Brandt nach nur 19 Sekunden getroffen. Und nun war es Bellarabi nach neun.

Karim Bellarabi (Mutter Deutsche, Vater Marokkaner), in Berlin geboren, in Bremen aufgewachsen, wechselte 2011 aus der 3. Liga von Eintracht Braunschweig nach Leverkusen. Im Oktober 2014 stürmte er sogar in die Weltmeisterelf und wurde Nationalspieler. Als schnellster Schütze löste er ein Trio ab, das jeweils nach elf Sekunden getroffen hatte: Ulf Kirsten (Leverkusen), dem dieses Kunststück am 30. März 2002 gegen den 1. FC Kaiserslautern gelungen war; Giovane Élber (FC Bayern), der am 31. Januar 1998 gegen den HSV geknipst hatte, und Paul Freier, der am letzten Spieltag der Saison 2002/03 den Ball gegen 1860 München nach einem Blitzangriff seiner Bochumer versenkt hatte.

Am 22. August 2015 legte übrigens Kevin Volland nach. Auch Hoffenheims Stürmer benötigte nur neun Sekunden, um nach einem kapitalen Fehler von David Alaba gegen Rekordmeister Bayern München zu treffen. Seither muss sich Bellarabi den Titel des Schnellschützen also mit Volland teilen.

Breno

Als Brandstifter in Stadelheim

Er galt als Brasiliens größtes Abwehrtalent. Juventus Turin und Real Madrid wollten den Kapitän der Olympiamannschaft, die 2008 in Peking Bronze gewonnen hatte. Bayern bekam ihn 2008 für 12,3 Millionen Euro, gab ihm einen Vierjahresvertrag. Der Vorstandsvorsitzende Karl-Heinz Rummenigge damals stolz: »Eine Investition in die Zukunft.«

Breno Vinícius Rodrigues Borges, genannt Breno, war damals 19. Von Anfang an hatte er Schwierigkeiten, sich an das Leben eines Fußballprofis in

IN FLAMMEN. Der gemietete Bungalow des Brasilianers Breno brennt bis auf die Grundmauern nieder.

JUWEL. Breno kam als größtes Abwehrtalent Brasiliens nach München.

Europa zu gewöhnen. Sportlich lief es nicht für ihn. Als er 2010 an den 1. FC Nürnberg ausgeliehen wurde, schien er endlich Spielpraxis zu bekommen. Aber dann riss schon nach sechs Spielen sein Kreuzband. Eine neue Leidenszeit begann.

Der Frust nagte an ihm. Auch privat lief es nicht gut. Am 20. September 2011 kam es zum Streit mit seiner Frau Renata, die das gemeinsame Kind packte und die Villa im Münchner Nobelvorort Grünwald verließ. Noch in derselben Nacht wurde Breno zum Feuerteufel, die Villa brannte bis auf die Grundmauern nieder, musste später abgerissen werden. Mit leichten Verletzungen kam der Spieler ins Krankenhaus, vier Tage später wurde er festgenommen. Im Sommer 2012 wurde er wegen Brandstiftung zu drei Jahren und neun Monaten Haft verurteilt und musste in die JVA Stadelheim einrücken. Vom August 2013 bis Dezember 2014 war er Freigänger, arbeitete als Kotrainer der 2. Mannschaft des FC Bayern.

Nachdem er im Dezember 2014 nach Verbüßung von zwei Dritteln seiner Haftstrafe auf Bewährung freigekommen war, kehrte Breno nach Brasilien zurück. Vier Jahre lang hatte er keinen Fußball mehr gespielt. Erst am 9. August 2015 stand er wieder in der Startelf seines Heimatvereins FC São Paulo. Er hatte vier Jahre seiner Karriere einfach verbrannt.

TYPISCH. Rudi Brunnenmeier in Aktion. Die Augen sind auf den Ball gerichtet, mit seinem starken linken Fuß zieht er ab.

RUDI RUNNENMEIER

Vom Knast auf den Rasen

Rudi Brunnenmeier war in den 60ern der Star der 60er. Ein bulliger Torjäger, der für die »Löwen« wichtige Treffer erzielte und Titel garantierte. Süd- deutscher Meister 1963, Pokalsieger 1964, Bundesliga-Torschützenkönig 1965 (mit 24 Treffern), Europapokal-Finale, das 1965 mit 0:2 gegen West

Ham United verloren ging, Deutscher Meister 1966. Bis heute ist Rudi Brunnenmeier der erfolgreichste Löwen-Torjäger aller Zeiten.

Das Idol aus Olching liebte schon immer das Leben; seinen Porsche, seinen Pelzmantel und den Alkohol. Verbürgt ist die Geschichte vom Trainingsspiel zwischen »Alkoholikern« und »Abstinenzlern«, das Trainer Max Merkel bei den 60ern angeordnet hatte. Die Biertruppe, vorneweg Brunnenmeier, siegte mit 7:1, woraufhin Merkel laut Süddeutscher Zeitung befahl: »Sauft's weiter!«

1963 hatte Brunnenmeier eine Wirtshausschlägerei angezettelt und musste vor Gericht. Urteil: zwei Wochen Haft, abzusitzen in der Justizvollzugsanstalt Fürstenfeldbruck in der Saison 1966/67. Für die »Löwen«, die Fans, die Stadt eine Katastrophe. Also wurde beantragt, dass er für die Spiele Freigang erhielt. Dem Antrag wurde stattgegeben. Direkt aus dem Knast stürmte Brunnenmeier in die Bundesliga.

Mit der Justiz stand der Torjäger auch später auf Kriegsfuß. Er wurde wegen Trunkenheit am Steuer und Urkundenfälschung verurteilt, nachdem er versucht hatte, sich Provisionen durch fingierte Versicherungsverträge zu erschleichen. Ein Zeichen für seinen sozialen Abstieg. Brunnenmeier hatte sein ganzes Geld verspielt, verzockt, versoffen, war von Freunden und Freundinnen geprellt worden. 1968 verließ er nach 148 Spielen in Bundesliga und Oberliga mit 91 Toren den TSV 1860 München, spielte bis 1980 in der Schweiz, Österreich, Liechtenstein. Aber er hatte sich auf den Spielfeldern außerhalb des Fußballs verdribbelt, lebte später in einer 35-Quadratmeter-Sozialwohnung in Olching und starb im April 2003 an den Folgen seiner Alkoholsucht und an einem Krebsleiden. Die Bestattung auf dem Münchner Ostfriedhof organisierten die Löwen.

REINER CALMUND

Die ersten Transfers von Ost nach West

Er war der Vorzeigestürmer schlechthin. Torschützenkönig der DDR-Oberliga 1988, in derselben Saison auch Fußballer des Jahres. Und er war der erste Spieler, der ganz legal von Ost nach West transferiert wurde. Andreas Thom hat im Dezember 1989 deutsch-deutsche Fußballgeschichte geschrieben – dank Reiner Calmund.

DAUEREINSATZ. 28 Jahre lang arbeitete Reiner Calmund in verschiedenen Funktionen für Bayer 04 Leverkusen.

22

»BIS 1990 HABE ICH NICHT FÜR GELD, SONDERN FÜR DEN SOZIALISMUS GEARBEITET.« (HANS MEYER)

Der gewiefte Manager von Bayer Leverkusen schickte gleich nach dem Mauerfall einen Spion nach Wien. Dort hatte die DDR-Auswahl die Chance, sich erstmals seit 1974 wieder für eine WM-Endrunde zu qualifizieren. Aber das 0:3 gegen Österreich verkam an diesem Tag zur Nebensache. Alle DDR-Stars träumten lieber vom Fußball im Westen als von der WM.

Andy Thom wurde direkt im Stadion angesprochen. Wolfgang Karnath aus Leverkusen, Chemielaborant bei Bayer und Trainer der A-Jugend, ließ sich als Fotograf akkreditieren und kam so in den Innenraum. Dort gab er sich als Mediziner aus, die Österreicher hielten ihn für den Teamarzt der DDR-Auswahl, die DDR-Offiziellen vermuteten ihn in Diensten der Österreicher. So saß er direkt auf der Bank, besorgte sich vom ausgewechselten Matthias Sammer Adressen und Telefonnummern, später auch von Kirsten und Thom.

Einen Tag später klingelte es an der Tür von Thom in der Holzmarktstraße in Berlin-Mitte. Calmund hatte eine offizielle Verhandlungsgenehmigung vom Fußballverband der DDR (DFV) im Gepäck. Der Manager später: »Es hieß ja mal, ich bin da wie ein Westonkel hin. Aber ich war nicht so naiv zu glauben, ich kann Andreas Thom mit Pralinen und Parfüm für die Frau sowie Süßem für die Kinder überzeugen ...«

Spieler und Manager wurden sich schnell einig. Alles andere klärten der damalige Generalsekretär des DFV, Wolfgang Spitzner, Marketingmanager Roland Weissbarth, Ex-Cheftrainer Manfred Zapf und Pressesprecher Jörg Neubauer mit dem Leverkusener Präsidium. Am 12. Dezember 1989 wurde der Vertrag unterzeichnet – und 2,5 Millionen Mark wanderten in die DDR-Staatskasse, weil Dynamo Ost-Berlin ein Staatsklub war. Am 17. Februar 1990 gab Thom sein Debüt im Bayer-Trikot. Und setzte gegen den Aufsteiger FC Homburg gleich mehrere Ausrufezeichen. Das 1:0 erzielte er nach 15 Minuten selbst, holte den Elfmeter zum 2:0 heraus und war auch am 3:1 beteiligt. Ein Einstand nach Maß.

Calmund hatte sich an jenem Tag im November übrigens nicht nur die Zusage von Andy Thom, sondern auch die Unterschriften von Matthias Sammer und Ulf Kirsten gesichert. Um den Ausverkauf Ost zu stoppen, wurde zunächst nur ein Transfer genehmigt. Beschlossen wurde ferner, dass jeder Bundesligist nur maximal zwei Spieler aus der DDR verpflichten durfte – angeblich sogar auf Intervention von Bundeskanzler Helmut Kohl. Deshalb bat Reiner Calmund später Matthias Sammer, seinen Vertrag zu zerreißen. Sammer wechselte schließlich nach Stuttgart.

DIE ČEBINACS
Verwirrspiel der Zwillinge

In den ersten Jahren der Bundesliga gab es noch keine Scouting-Abteilungen. Auch mit Videos wurde noch nicht gearbeitet. Sonst hätte der 1. FC Köln sicher gewusst, dass es zwei Čebinacs gibt.

1965 hatten die Kölner einen Jugoslawen zum Probetraining geladen. Er stellte sich als Srdjan Čebinac vor, begeisterte mit seiner Dribbelkunst und mit seinen Torschüssen. Also erhielt er einen Vertrag. Als er dann aber seinen Dienst antrat, rieben sich die Mitspieler verwundert die Augen. Sie erkannten ihn nur äußerlich wieder, und von dem Glanz beim Probetraining war nichts mehr zu sehen. Daher brachte er es in der ganzen Saison auch nur auf drei Einsätze. Das Rätsel wurde zwei Jahre später, in der Saison 1967/68 gelöst, als wiederum ein Čebinac einen glanzvollen Auftritt hatte, diesmal in Nürnberg. Zum Probetraining nach Köln hatte Srdjan nämlich seinen Zwillingsbruder Zvezdan geschickt. Der war wirklich

> »BEI BAYERN IST SOGAR
> DIE PUTZFRAU SCHON ZEHN
> MAL MEISTER GEWORDEN.«
> (CHRISTOPH DAUM)

MEISTER. Max Merkel triumphierte in der Saison 1967/68 mit dem 1. FC Nürnberg und Zvezdan Čebinac.

D ANTE

Mit zwei Songs in den Hitlisten

Eigentlich war es ein trauriger Anlass. Der FC Bayern hatte 2013 bereits die Meisterschaft und den Gewinn der Champions League eingetütet und nun die einmalige Chance auf das Triple. Nicht aber der Brasilianer Dante. Der wurde vom heimischen Verband für den Confederations Cup angefordert und fehlte deshalb beim Pokalfinale gegen Stuttgart. Ein Jahr vor der WM in Rio hatte das Abwehrass keine Wahl, wollte es nicht seine WM-Teilnahme gefährden.

Dante, schon zu seinen Gladbacher Zeiten mit seinem Afrolook und seiner unbeschwerten Art ein ewiger Spaßvogel, konterte auf seine Weise. Aus dem fernen Rio schickte er ein Handyvideo an den FC Bayern und wünschte in kindlicher Vorfreude und mit einem Singsang in deutsch-brasilianischem Kauderwelsch viel Glück: »Wir gewinnen Meisterschaft, wir gewinnen Champions League – und Pokal aaaa- auch ...«. Das Liedchen entwickelte sich zu einer kultigen Hymne und stürmte die Charts. Musikmanager

ein Ass, wurde mit dem 1. FC Nürnberg sogar Deutscher Meister. Köln aber war an der Nase herumgeführt worden.

Tim Renner, eigentlich BVB-Sympathisant, legte Beats unter den Singsang und postete das Stück bei Facebook. Weit über 100.000 Fans klickten den Clip an. So schaffte es Dante als erster Fußballer überhaupt mit zwei Songs gleichzeitig in die von Media Control ermittelte deutsche Hitliste. »Und Pokal auch« debütierte auf Platz 79, »Wir gewinnen die Meisterschaft« kam auf Rang 88. Die Erlöse widmete Dante SOS-Kinderdörfern und den Flutopfern in Süd- und Ost-Deutschland.

SHOWTALENT. Der Brasilianer Dante gibt nach dem Pokalsieg eine Kostprobe seiner Sangeskunst.

»DAS WAR EUROPÄISCHE WELTKLASSE.« (FELIX MAGATH)

CHRISTOPH

Daum

Die Kokainaffäre um den Fast-Bundestrainer

Er war ganz oben.

Nach der EM 2000 demissionierte Erich Ribbeck als Teamchef der Nationalmannschaft. Die »Rumpelfüßler« waren sang- und klanglos in der Vorrunde gescheitert. Der DFB um Präsident Dr. Gerhard Mayer-Vorfelder lud nach Köln zum Krisengipfel. Am Tisch saßen die Bundesliga-Mächtigen, Vertreter von Bayern München und Bayer Leverkusen, den Topklubs der Liga. Weder Bayern noch Bayer wollte seinen Trainer an den DFB verlieren. Ottmar Hitzfeld sagte von sich aus ab. Mayer-Vorfelder, der als VfB-Präsident mit dem Trainer Christoph Daum 1992 Deutscher Meister geworden war, wollte den Coach der Leverkusener. Es gab einen Kompromiss: Bayers Sportdirektor Rudi Völler sollte übergangsweise ein Jahr lang die Nationalmannschaft betreuen, danach Christoph Daum neuer Bundestrainer werden. Wochen später wurde ein entsprechender Vertrag beim DFB unterzeichnet.

Aber den Bundestrainer Daum hat es nie gegeben. Er stürzte über seinen Hochmut und eine Kokainaffäre.

Begonnen hatte alles mit einem Interview von Uli Hoeneß mit der Münchener Abendzeitung (AZ). Darin trat der Bayern-Manager eine regelrechte Lawine los: »Der DFB kann doch keine Aktion ›Keine Macht den Drogen‹ starten – und Herr Daum hat vielleicht damit etwas zu tun.« Im Fortgang sprach Hoeneß außerdem vom »verschnupften Daum«. Der geballte Zorn einer empörten Öffentlichkeit – nicht nur der von Daum – traf zunächst Hoeneß. Die Beschimpfungen gipfelten gar in einer Bombendrohung. Als Hoeneß von einem Termin aus Frankfurt zurückkehrte, musste die Tiefgarage am Münchner Flughafen, in der Hoeneß' Wagen stand, deswegen gesperrt werden.

Daum inszenierte derweil in Leverkusen eine Pressekonferenz, übergab am 9. Oktober 2000 in der BayArena eine Haarprobe zur Untersuchung an ein Kölner Institut mit den Worten, »Ich tue das, weil ich ein absolut reines Gewissen habe«. Das schockierende Ergebnis erreichte ihn und Leverkusen am Abend des 20. Oktober, einen Tag vor der Heimbegegnung gegen Borussia Dortmund: Die Probe war positiv. Extrem hohe Werte schienen keine Zweifel zuzulassen: Daum, der Vorzeigetrainer, der designierte Bundestrainer, war regelmäßiger Kokainkonsument. Uli Hoeneß hatte anscheinend recht behalten. Am folgenden Tag, eine Stunde vor Anpfiff des Bundesliga-Spiels, gab Bayer auf einer Pressekonferenz das Ergebnis bekannt – und Rudi Völler wurde zum neuen Bundestrainer. Daum war zu dieser Zeit schon auf der Flucht. Auf Anraten des Bayer-Krisenstabs, der die ganze Nacht zuvor mit Völler, Rainer Calmund und weiteren Verantwortlichen des Klubs getagt hatte, war er in Florida untergetaucht.

Ganz Fußball-Deutschland diskutierte. »Der Supergau, der auf der nach oben offenen Richterskala höchstmögliche Erdbebenwert«, titelte zum Beispiel die Hamburger Morgenpost. Daum hatte in aller Öffentlichkeit ein unfassbares Schauspiel abgeliefert,

VOR GERICHT. Fast-Bundestrainer Christoph Daum mit seinem Anwalt vor dem Landgericht in Koblenz.

um dann als Lügner überführt zu werden. Der einstige Erfolgstrainer, der DFB, Leverkusen, der deutsche Fußball – alle waren blamiert. Zwei Wochen später meldete sich Daum erstmals via Bild zu Wort, deren Reporter ihn in den USA aufgespürt hatte. Es kam zu einem konspirativen Treffen in einem Hinterzimmer eines abgelegenen Hotels. Ein Fotograf war nicht zugelassen, sodass eine Zeichnung der skurrilen Inszenierung veröffentlicht werden musste. Daums Botschaft: »Bald werde ich Stellung nehmen.« Er hatte in den USA eine zweite Haarprobe nehmen lassen – mit einem anderen Ergebnis: negativ. Die Diskussionen nahmen erneut Fahrt auf, aber die Experten ließen sich von der Ferndiagnose aus den USA nicht beeindrucken. Und auch nicht der DFB. Daums eigentlich ab 1. Juli 2001 geltender Vertrag wurde mit sofortiger Wirkung aufgelöst. Parallel dazu hatte die Staatsanwaltschaft Ermittlungen aufgenommen.

Daums Kokainkonsum war kein Kavaliersdelikt, sondern ein Straftatbestand.

Am 12. Januar 2001 kehrte Daum nach Deutschland zurück. Mit großem Getöse und einer persönlich einberufenen Pressekonferenz im Kölner Hyatt-Hotel. Auf eigene Kosten hatte er den bekannten SAT.1-Reporter Werner Hansch verpflichtet, um das Spektakel mit über 200 Journalisten, 50 Fotografen und 30 Kamerateams moderieren zu lassen. Obwohl Daum die Analyse aus Amerika mit dem negativen Befund in der Tasche hatte, war er erstmals geständig: »Ich gebe klar und offen zu, mit Drogen in Kontakt gekommen zu sein und Kokain genommen zu haben. Es waren aber nur gelegentliche Einnahmen im privaten Bereich.« Sein Bekenntnis kam zu spät. Auch deshalb, weil er die Pressekonferenz mit Witzen und lockeren Sprüchen aufzulockern versuchte, blieb die erhoffte Wirkung aus.

Was folgte, war ein Prozessmarathon. Am 23. Oktober 2001, fast auf den Tag ein Jahr nach Bekanntwerden des Kokainkonsums, musste Daum vor dem Landgericht in Koblenz antreten. Die Anklage warf ihm den Erwerb von Rauschgift in 51 Fällen und Anstiftung zum Erwerb von 100 Gramm Kokain vor. 29 Verhandlungstage folgten, zahllose Anträge seiner vier Verteidiger, dubiose Zeugenaussagen, Vorwürfe an die ermittelnden Behörden, Aussagen von Wegbegleitern wie Calmund oder Kotrainer Koch – das Spektakel dauerte bis zum Mai 2002. Dann rückte Dr. Hans Sachs, als Gutachter geladen, von seiner Aussage ab, Daum sei ein regelmäßiger Kokainkonsument. Vielmehr hätten diverse Fehler die Haaranalyse verfälscht, es gebe also kein sicheres Ergebnis. Richter und Staatsanwaltschaft blieb nichts anderes übrig, als das Verfahren mit einem Teilfreispruch zu beenden.

Es war der 6. Mai 2002. Der Tag, an dem das unwürdige Schauspiel auch juristisch zu den Akten gelegt wurde.

MANFRED DREXLER

Erste Sperre dank TV-Beweis

ÜBERFÜHRT. TV-Kameras hatten das Foul von Manfred Drexler an Wolfgang Kraus festgehalten.

Immer wieder flimmern über die TV-Kanäle hässliche Bilder in die Wohnzimmer. Fouls, Ellbogenschläge, Tritte weit ab vom eigentlichen Spielgeschehen. Der Nebeneffekt: Was die Schiedsrichter nicht sehen können, wird so der gesamten Fußballöffentlichkeit bekannt.

Ein Foul des Schalkers Manfred Drexler erregte im August 1979 besonders die Gemüter. Der Mittelfeld- und Abwehrspieler hatte gegen den am Boden liegenden Münchner Wolfgang Kraus nachgetreten. Dies passierte aber hinter dem Rücken von Schieds- und Linienrichtern, die deshalb auch nicht mit einer Sanktion eingegriffen hatten. Weil der Fall aber in der Sportöffentlichkeit heftigst diskutiert wurde, sah sich das Sportgericht des DFB schließlich gezwungen, ein Verfahren zu eröffnen. Erstmals ließen die Sportrichter dabei in der Verhandlungssitzung am 14. September 1979 Fernsehbilder als Beweismittel zu. Das Strafmaß war entsprechend hoch: Manfred Drexler wurde für drei Monate gesperrt und musste 5.000 Mark Strafe zahlen.

Das Urteil fiel auch deshalb so drastisch aus, weil es abschreckend wirken sollte: Den Spielern sollte gezeigt werden, dass von nun an auch bestraft werden würde, was im Spiel zuvor nicht geahndet worden war. Seit dem Verfahren gegen Drexler werden Fernsehbilder als Beweismittel zugelassen. Um »Tatsachenentscheidungen« des Schiedsrichters nicht infrage zu stellen, blieb es aber seitdem dabei, dass nur solche Fälle verhandelt werden, die vom Unparteiischen nicht gesehen wurden.

STEFAN EFFENBERG

Eine Wette machte ihn zum Tiger

Es war eine Wette.

Thomas Gottschalk hatte bei RTL angeheuert und nach amerikanischem Vorbild eine Late Night Show bekommen. Täglich ab 23.15 Uhr talkte Deutschlands beliebtester Showmaster 1994 aus dem Kölner Studio. Diesmal hatte er Stefan Effenberg mit seiner Martina ins Studio geladen. Eine lockere Plauderei mit Gottschalks Frage nach dem neuen Meister. »Effe« zögerte und konterte dann mit einer Wette: »Wenn Leverkusen Meister wird, lass ich mir einen Tigerkopf frisieren.« Zu Gottschalk gewandt:

»Dann musst du dir die Haare rasieren lassen, wenn Frankfurt Meister wird.« Als Gottschalk zögerte, legte Effenberg nach: »Okay, ich lass mir den Tigerkopf frisieren, wenn Bayern, Bremen oder Leverkusen Meister werden. Du bist dran, wenn es Frankfurt wird.«

Gesagt, getan. Denn natürlich wurden es mal wieder die Bayern. Effenberg, gerade aus Florenz zur Gladbacher Borussia zurückgekehrt, hielt Wort. In einer der nächsten Gottschalk-Sendungen setzte er sich auf den Barbierstuhl. Drei Stunden lang zauberte der englische Punkfriseur Colin Watkins auf Effenbergs Hinterkopf erst mit Schere, dann mit Pinsel

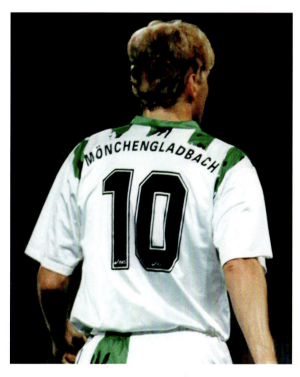

HAARPRACHT. Stefan Effenberg ließ sich das Gesicht eines Tigers auf den Hinterkopf frisieren.

und Farbe das Gesicht eines Tigers. Am Samstag darauf lief der Spieler mit der Frisur auch in der Bundesliga auf. »Tiger, das passt doch zu mir. Ein starkes Tier, und immer auf der Lauer.«

Es war mehr als nur eine Frisur. Denn seither hatte Effenberg einen neuen Spitznamen.

LUTZ EIGENDORF

Eine TV-Doku titelte »Tod dem Verräter!«

Die Saison 1982/83: Braunschweig verliert gegen Bochum. Mal wieder ohne Lutz Eigendorf. Er sitzt erneut nur auf der Bank.

Abends um halb zehn fährt er mit seinem Alfa Romeo in sein Stammlokal »Zum Cockpit«. Auf der Rückfahrt gegen halb elf fliegt das Sportcoupé in einer Rechtskurve von der Straße und kracht gegen eine Ulme. Die Fahrerseite wird aufgeschlitzt, das Fahrzeug bis zur Mitte eingedrückt. Feuerwehrleute müssen den Fußballer aus dem Wrack herausschneiden. Am Samstag, dem 5. März 1983, diagnostizieren die Ärzte bei Eigendorf drei Schädelbasisbrüche, Brustquetschungen und schwere innere Verletzungen. 34 Stunden später am Montagmorgen gegen 9.15 Uhr, ist er tot. Er wurde nur 26 Jahre alt.

Der für den Berliner FC Dynamo aktive DDR-Auswahlspieler Eigendorf war 1979 nach einem Freundschaftsspiel beim 1. FC Kaiserslautern in der Bundesrepublik geblieben. Einen Ausflug nach Gießen hatte er genutzt, mit einem Taxi zurück zum Betzenberg zu fahren. Mit seinen 22 Jahren galt er damals als das größte Talent des DDR-Fußballs. Nach der internationalen Sperre von zwölf Monaten spielte er für den FCK, schaffte aber den Durchbruch nicht. Zu sehr hatte er sich für das neue süße Leben im Westen, zu wenig für den Fußball interessiert. Eigendorf wechselte nach Braunschweig.

Seit den Ereignissen im März 1983 wird gerätselt: War es Unfall oder Mord, ein Stasi-Mord? Eigendorf

reicher Strecke geblendet worden. Ganze 17 Jahre später, im März 2000, sendete die ARD einen Report unter dem Titel »Tod dem Verräter!«. Die Journalisten hatten unter anderem ermittelt, dass Eigendorf in all den Jahren im Westen von über 50 Stasi-Mitarbeitern beschattet worden war. Darüber hinaus konnten sie diverse Indizien beibringen, die auf Mord schließen lassen. Weitere zehn Jahre danach, am 9. Februar

SCHROTT. Das Unfallauto (Foto links) von Lutz Eigendorf (unten) wird von Experten genauestens untersucht.

hatte in Berlin Frau und Kind zurückgelassen. Der Familie wurde jeder Kontakt mit ihm untersagt, die Ehe durch die Stasi geschieden. Immer wieder fühlten sich DDR-Offizielle durch seine öffentlichen Auftritte brüskiert: sein Erscheinen bei »Wetten, dass..?«, ein Interview direkt vor der Berliner Mauer. Der Minister für Staatssicherheit der DDR, Erich Mielke, zugleich Präsident des FC Dynamo, soll gleich nach der Flucht den Auftrag zur Liquidation Eigendorfs unterschrieben haben.

Nach dem Unfall blühten die Spekulationen. Im Blut Eigendorfs war ein Alkoholgehalt von 2,3 Promille festgestellt worden; der Wirt des »Cockpit« und weitere Zeugen bestätigten aber, er habe nur ein, zwei Bier getrunken. Eine Theorie besagte, in den rechten Vorderreifen von Eigendorfs Wagen beziehungsweise in die Windschutzscheibe sei geschossen worden. Bei der Polizei ging ein anonymer Brief ein, die DDR-Staatssicherheit habe die Bremsen manipuliert. Aber am Unfallwagen wurde nichts gefunden. Später hieß es, der Geheimdienst habe die Türklinke des Autos mit »Kontaktgift« manipuliert, ein derartiges Mittel ist aber gar nicht bekannt. Und schließlich wurde der Verdacht geäußert, Eigendorf sei mit Alkoholspritzen behandelt und anschließend auf kurven-

ar 2010, sagte der mehrfach vorbestrafte, ehemalige Informelle Mitarbeiter der Stasi »Klaus Schlosser« vor dem Düsseldorfer Landgericht in einem Prozess aus, er habe einen offiziellen Auftrag zur Ermordung Eigendorfs erhalten, aber nicht ausgeführt. Die folgenden Ermittlungen erbrachten jedoch keine klaren Ergebnisse.

Anfang 2011 lehnte schließlich die zuständige Staatsanwaltschaft eine Wiederaufnahme des Verfahrens ab, da es keine objektiven Hinweise auf ein Fremdverschulden gebe. Das war der – vorläufig (?) – letzte Akt im Drama um Lutz Eigendorf. Wie es scheint, wird sein Tod jedoch für immer ein Rätsel bleiben.

32

PETER ENDRULAT
Der einzige Torwart mit zwölf Gegentoren

Der Klassenerhalt war seit einigen Runden gesichert. Mit dem 5:3 gegen den VfL Bochum am vorletzten Spieltag war Borussia Dortmund im Mittelfeld der Tabelle angekommen. Endlich war es vorbei, dieses Zittern und Bangen im Kampf gegen den Abstieg. Für Peter Endrulat hätte der 29. April 1978 also ein vergleichsweise geruhsamer Tag werden können. Er wurde für ihn jedoch zum denkwürdigen Datum – und gleichzeitig zum Abschied aus der Bundesliga.

CHANCENLOS. Peter Endrulat ist wieder geschlagen. Christian Kulik (ganz rechts) jubelt schon.

Denn Endrulat ist der einzige Torwart, der in einer Bundesliga-Begegnung zwölf Gegentore kassierte. Er stand bei der höchsten Bundesliga-Niederlage aller Zeiten im Kasten, dem 0:12 der Dortmunder gegen Gladbach im Düsseldorfer Rheinstadion.

»Diese zwölf Gegentore haben mir das Genick gebrochen«, sagt Peter Endrulat noch heute. Denn eigentlich war seine Vertragsverlängerung in Dortmund beschlossene Sache. 8:2 Punkte hatte der BVB mit ihm im Tor zuletzt geholt und damit die Klasse gehalten. Aber nach der 0:12-Packung musste nicht nur Trainer Otto Rehhagel gehen, sondern auch Peter Endrulat. Der Torwart heuerte anschließend bei Tennis Borussia Berlin an.

Das Rekordergebnis war aber noch für eine ganz andere Angelegenheit von Belang: die Deutsche Meisterschaft. Der 1. FC Köln lag vor dem letzten Spieltag punktgleich mit Gladbach (beide 46 Zähler) auf Platz eins. Das bessere Torverhältnis sprach für die Domstädter (81:41 gegenüber 74:44), der Vorsprung

DER BELEG. Die Anzeigetafel im Düsseldorfer Rheinstadion zeigt das 12:0.

betrug also zehn Tore. Ein Sieg beim Absteiger FC St. Pauli sollte Köln zum Titelgewinn reichen. Dachten alle. Nicht aber die Gladbacher. Die versuchten eine sensationelle Aufholjagd.

6:0 hieß es nach nur 38 Minuten, während sich Köln in Hamburg zu einer 1:0-Führung mühte. Fünf Tore hatte Gladbach also aufgeholt, es fehlten »nur« noch fünf. Und Gladbach stürmte weiter. So gnadenlos und unbarmherzig, dass BVB-Trainer Otto Rehhagel anschließend den Spitznamen »Otto Torhagel« erhielt – und der arme Peter Endrulat vor die Tür gesetzt wurde. 7:0 Heynckes, 8:0 Nielsen, 9:0 del'Haye, 10:0 Heynckes, 11:0 Lienen, 12:0 Kulik.

Wäre es beim einen Treffer der Kölner auf St. Pauli geblieben, hätte Gladbach das zuvor Undenkbare geschafft und wäre noch Meister geworden. Doch der 1. FC legte nach, siegte am Ende 5:0 und holte sich damit den ersten Titel seit 1964. Den punktgleichen Gladbachern fehlten am Ende drei mickrige Törchen ...

Für Endrulat persönlich fiel das Resümee düsterer aus: »Zur Pause, beim 0:6, hat mich Otto Rehhagel gefragt, ob ich raus möchte. Ich bin dringeblieben. Hätte ich nur das Angebot angenommen, dann hätte ich aller Voraussicht nach in Dortmund bleiben können.« So aber war das 0:12 für Peter Endrulat das sechste und letzte Bundesliga-Spiel.

MARCELL

FENSCH

Der Kölner Trikotschussel

Marcell Fensch hatte nicht mal einen Profivertrag. Der 22-jährige Abwehrspieler lief eigentlich bei den Kölner Amateuren auf. Aber im Oktober 1997 gegen Schalke hatte ihn Trainer Lorenz-Günther Köstner in den Bundesliga-Kader geholt. Stolz saß der Vertragsamateur auf der Auswechselbank, bangte und fieberte mit. Köln stand im Tabellenkeller, brauchte jeden Punkt, um da unten rauszukommen.

Die 41. Minute läuft. Nach einem Zweikampf bleibt Dirk Schuster am Boden liegen. Sein Nasenbein ist gebrochen, er kann nicht weiterspielen. Köstner macht Fensch Zeichen, will den Amateur bringen. Der Auswechselspieler zieht seine Trainingshose

VERTRAGSAMATEUR. Marcell Fensch vermasselte sein Bundesliga-Debüt.

34

aus, dann die Trainingsjacke. Blankes Entsetzen. Da ist kein Trikot, nur ein blütenweißes T-Shirt blitzt heraus. »In der Aufregung vor meinem ersten Spiel hab ich das Trikot glatt in der Kabine vergessen«, so der Schussel später entschuldigend.

Das Spiel läuft weiter. Denis Vogt sprintet Richtung Kabine, die knapp 100 Meter entfernt ist, um das Trikot zu holen. Köln ist derweil nur zu zehnt. Und es passiert, was passieren muss. Schalkes Oliver Held nutzt die Überzahl und hämmert den Ball aus 16 Metern in die Maschen. Es ist die 44. Minute – und Fensch immer noch nicht im Spiel.

Köln verliert mit 0:2 und damit ganz wichtige Punkte im Kampf gegen den Abstieg. Am Ende der Saison fehlen lumpige drei Zähler zum Klassenerhalt. Punkte, die es, wer weiß, vielleicht gegen Schalke gegeben hätte.

> »MIT 50 BIST DU ALS FUSSBALLTRAINER REIF FÜR DIE KLAPSMÜHLE. WENN DU GENUG GELD VERDIENT HAST, KANNST DU WENIGSTENS ERSTER KLASSE LIEGEN.« (OTTO REHHAGEL)

JAN-AAGE FJØRTOFT
Mit einem Übersteiger zur Legende

Der Krimi ist unvergessen. Nie war ein Abstiegsfinale so spannend wie am 28. Mai 1999. Zwar war schon klar, dass Gladbach und Bochum den Gang in die 2. Bundesliga antreten mussten, aber mit Frankfurt (34 Punkte, minus 14 Tordifferenz), Rostock (35; minus 10), Freiburg (36; minus 9), Stuttgart (36; minus 8) und Nürnberg (37; minus 9) konnte es noch fünf Mannschaften erwischen.

An jenem Maitag zwischen 15.30 Uhr und 17.15 Uhr wurde Jan-Aage Fjørtoft, der norwegische Stürmer in Diensten der Eintracht, zum Frankfurter Helden. Und Trainer Jörg Berger zum Retter. Die Dramaturgie:

– Stuttgart setzt sich früh ab, gewinnt 1:0 gegen Bremen.

– Absteiger Bochum führt nach 73 Minuten gegen Rostock mit 2:1. In diesem Moment ist Hansa abgestiegen. Aber Rostock dreht das Spiel durch Agali (77.) und Majak (82.).

– Acht Minuten vor dem Ende geht es nur noch um Frankfurt, das erst in der 70. Minute gegen Kaiserslautern zum 2:1 gekommen ist und durch Gebhardt (80.)

35

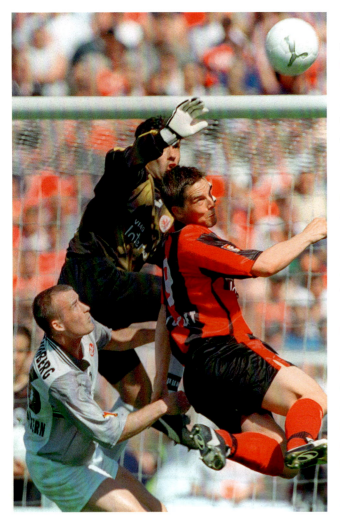

ACTION. Jan-Aage Fjørtoft im Luftkampf.

– Aber es ist noch nicht vorbei. Jörg Berger treibt seine Mannschaft weiter an, alarmiert durch den Nürnberger Anschlusstreffer. Der Sekundenzeiger rückt unerbittlich vor. Die letzten 60 Sekunden sind angebrochen. Da schnappt sich der gerade eingewechselte Christoph Westerthaler den Ball, sprintet über das halbe Spielfeld, leitet den Ball weiter zum völlig frei stehenden Norweger. Fjørtoft läuft auf FCK-Torwart Andreas Reinke zu, düpiert den Lauterer Schlussmann mit einem Übersteiger – und schiebt zum 5:1-Endstand ein. Unfassbar frech: In solch einer Nervenpartie in der letzten Minute einen solchen Trick zu wagen – das lässt das Waldstadion explodieren. Vier Treffer in 21 Minuten sind Frankfurts Rettung.

Und Nürnberg?

Die Franken, Tabellenzwölfter vor dem letzten Spieltag, trafen in der 90. Minute durch Marek Nikl nur den Pfosten, den Abpraller schob Kapitän Frank Baumann direkt in die Arme von Freiburgs Keeper Richard Golz. Reporter Koch fassungslos: »Hallo, hier ist Nürnberg, wir melden uns vom Abgrund.«

Währenddessen liegt ganz Frankfurt Jan-Aage Fjørtoft zu Füßen.

und Schneider (82.) auf 4:1 erhöht hat, oder Nürnberg, im direkten Vergleich gegen Freiburg zu diesem Zeitpunkt mit 0:2 hinten.
– Die Hörfunk-Konferenz der ARD wird zum Thriller. Günther Koch, der bekennende Club-Fan und eingefleischte Franke, meldet sich aus Nürnberg, seine Stimme überschlägt sich: »Tor in Nürnberg. Ich pack' das nicht mehr, ich halt das nicht mehr aus, ich will das nicht mehr sehen. Aber sie haben ein Tor gemacht. Ich glaube es nicht! Aber der Ball ist drin. Ich weiß nicht wie, ein Kopfball von Nikl ...« Es ist die 85. Minute. Und durch das 1:2, dieses Anschlusstor gegen Freiburg, ist Nürnberg gerettet und Frankfurt wieder unten.

ROLF FUHRMANN

Der Reporter der Schalker Schmerzen

Der 19. Mai 2001 hat in den Herzen aller Schalke-Fans tiefe Narben hinterlassen. Es war das Datum, an dem die Königsblauen am letzten Spieltag der Saison 2000/01 mit 5:3 gegen Unterhaching gesiegt hatten und sich für vier Minuten und 38 Sekunden als Deutscher Meister fühlten. Dann traf ein Abwehrspieler, der bis dahin für seinen Verein noch kein Bundesliga-Tor erzielt hatte, im fernen Hamburg. Sein Treffer bedeutet das 1:1 des FC Bayern beim HSV – und sicherte den Münchnern den Titel. Es war der Tag, der Schalke zum »Meister der Herzen« machte.

Es war auch der Tag, den Sky-Reporter Rolf Fuhrmann nicht vergessen wird. Eine Tageszeitung schrieb: »Seine Falschmeldung löste die wohl kürzeste Meisterfeier der Fußballgeschichte aus.« Als Fieldreporter des damaligen Pay-TV-Senders Premiere erlebte er den Schlusspfiff im Parkstadion am Spielfeldrand. Dort hatte sich wie ein Lauffeuer die Nachricht vom Tor Sergej Barbarez' zum 1:0 für den HSV in der 90. Minute verbreitet. »Der Deutsche Meister heißt Schalke 04«, hatte Hamburg-Reporter Hansi Küpper euphorisch hinausposaunt. Das Spielfeld in Gelsenkirchen wurde von den Fans geflutet, ein geplantes Feuerwerk zum Abschied aus dem Parkstadion begann. Die Euphorie kannte keine Grenzen. Mittendrin Rolf Fuhrmann, der Schalkes Teammanager Andreas Müller zum Interview bat. »Ich habe im Übertragungswagen nachgefragt, ob das Bayern-Spiel schon abgepfiffen sei, bekam aber keine Antwort. ›Das Spiel in Hamburg ist aus‹, hieß es überall. Ich war plötzlich live auf dem Sender. ›Es ist zu Ende in Hamburg. Schalke ist Meister‹, sagte ich zu Müller. Und wurde so zum Überbringer der falschen Nachricht.« Plötzlich flackerten die Livebilder aus Hamburg über die Videotafel. Die Menge erstarrte. Und sah das 1:1 durch Patrik Andersson in der Nachspielzeit, das Bayern zum Meister machte.

Fuhrmann: »Mir stockte der Atem. Ich realisierte sofort, was los war. Ich war plötzlich einer der Hauptbeteiligten. Schalke war Meister der Herzen, ich Reporter der Schmerzen.« Noch heute wird er in Gelsenkirchen als Meister-Reporter begrüßt. Er selbst zog seine Konsequenzen aus den Ereignissen: »Ich habe mir damals geschworen: Erst prüfen, noch einmal nachfragen, dann erst auf Sendung gehen. Daran habe ich mich bis heute gehalten.« Aber die Falschmeldung hat ihn berühmt gemacht.

CHIC. Sky-Reporter Rolf Fuhrmann wieder auf Schalke.

EDUARD G EYER

Der Rekord mit elf Ausländern

Selten hat eine Nullnummer für so viel Aufmerksamkeit gesorgt wie an jenem 6. April 2001. Im Cottbuser Stadion der Freundschaft traf der FC Energie auf den VfL Wolfsburg. Für Presse, Rundfunk, Fernsehen und 15.019 Zuschauer wurden es 90 Minuten ohne Tore.

Der Zündstoff lag jedoch in der Aufstellung der Cottbuser. Trainer Eduard Geyer hatte elf Legionäre auf den Platz geschickt. Auch seine drei Einwechselspieler besaßen einen ausländischen Pass. Ein Novum in der Bundesliga: Erstmals hatte ein Erstligist ohne einen einzigen deutschen Spieler eine Partie bestritten.

PROVOKATEUR. Cottbus-Trainer Eduard Geyer stellte 2001 seine Elf erstmals mit elf Ausländern auf.

Im Kader von Energie in der Saison 2000/2001 wurden zwar zwölf Spieler mit deutschem Pass aufgeführt, so wie es die Statuten verlangen. Letztendlich besaßen aber nur fünf von ihnen Erstligareife. Die »Quotendeutschen« durften nicht einmal mittrainieren. Als dann vor der Begegnung gegen Wolfsburg Beeck (Kreuzbandoperation), Thielemann (Rehabilitation) und Helbig (Rückenprobleme) verletzt ausfielen, wagte Geyer die Provokation, auch um auf die Standortnachteile von Cottbus aufmerksam zu machen: Die Randlage der Stadt direkt an der polnischen Grenze war sicher auch ein Grund dafür, dass junge Talente aus anderen Klubs den Weg in die Lausitz erst gar nicht antreten wollten. »Nur Idioten zeigen mit dem Finger auf uns und meinen, bei uns würden die Ausländer die Deutschen aus dem Team verdrängen«, wetterte daher Cottbus-Präsident Dieter Krein nicht ganz zu Unrecht. Und für »Ede« Geyer war klar: »In den Nachwuchsteams der großen Klubs lebt es sich offenbar leichter als in der Fußballprovinz.«

> »VIELE KÖNNEN NICHT UNTERSCHEIDEN ZWISCHEN VIERERKETTE UND FAHRRADKETTE.«
> (KARL-HEINZ RUMMENIGGE)

ROGER VAN

OOL

Der erste Millioneneinkauf

Der erste Bundesliga-Meister war im Jahr 1964 der 1. FC Köln. Als Hennes Weisweiler 1976 aus Barcelona zum 1. FC zurückkehrte, war erneut die Meisterschaft das Ziel. Dafür stieß der FC in neue Dimensionen vor. Als erster Verein der Bundesliga zahlte er für einen Spieler eine Ablösesumme von einer Million Mark.

Das Objekt der Begierde hieß Roger van Gool, war Stürmer und stand in Diensten des FC Brügge. Der kleine belgische Flügelflitzer schmunzelt noch heute: »Wegen dieser Ablösesumme bleibe ich wohl ewig in aller Munde.«

Mit van Gool, der bis 1980 auf 96 Bundesliga-Einsätze kam und dabei 28 Tore erzielte, begann die erfolgreichste Epoche der Kölner Vereinsgeschichte. Der Klub wurde mit ihm Deutscher Meister 1978 und zweimal DFB-Pokalsieger, stand 1979 im Halbfinale des Europapokals der Landesmeister gegen Nottingham Forest. Van Gool war zu dieser Zeit einer der besten Stürmer Europas. Schon mit dem FC Brügge und Trainer Ernst Happel hatte er 1976 das UEFA-Cup-Finale erreicht. Der AS Rom und Feyenoord Rotterdam wollten den Rechtsaußen, den sich schließlich die Kölner mit dem Millionendeal sicherten.

Der Manager hieß damals Karl-Heinz Thielen, der dem Wunsch von Trainer Weisweiler zu entsprechen hatte. Umgerechnet 1,7 Millionen Mark verlangte der FC Brügge zunächst, bei einer Million schlug Köln schließlich ein. Vier Jahre später konnte

MILLIONENSTÜRMER. Der Belgier Roger van Gool – hier gegen Düsseldorfs Gerd Zewe – spielte vier Jahre für den 1. FC Köln.

Thielen den Stürmer für die gleiche Summe an Coventry City verkaufen. Ein lohnender Transfer, sportlich wie finanziell. Auch der Spieler selbst sieht das heute so, hält die Summe, die die Rheinländer damals für ihn hinblättern mussten, keineswegs für übertrieben: »Ich war ein billiger Spieler, denn Köln holte mit mir drei Titel.«

»EIER, WIR BRAUCHEN EIER!« (OLIVER KAHN)

KEVIN GROSSKREUTZ

WM-Held trotz Dönerskandal und Pinkelaffäre

Er ist ein Fußballverrückter. Schon mit vier Jahren begann er beim VfL Kemminghausen, mit sieben hatte der gebürtige Dortmunder und eingefleischte BVB-Fan seine erste Dauerkarte für die Spiele der Schwarz-Gelben und jubelte in den 1990er Jahren der Mannschaft um Stars wie Chapuisat, Möller und Zorc zu. 2009 wurde sein Traum Wirklichkeit: Kevin Großkreutz, mit Rot Weiss Ahlen gerade in die 2. Bundesliga aufgestiegen, unterschrieb in Dortmund ei-

40

nen Profivertrag. Wegen seiner Vielseitigkeit – unter Klopp spielte Großkreutz auf sieben Positionen, darunter einmal auch als Torwart – nahm ihn Joachim Löw sogar mit zur WM 2014 nach Brasilien. Auch deshalb, weil er sich vorher öffentlich entschuldigt hatte.

Denn Großkreutz hatte auch außerhalb des Platzes für Schlagzeilen gesorgt, gerade vor der WM. Im Mai 2014 ging bei der Polizei in Köln eine Strafanzeige ein, ermittelt wurde wegen vorsätzlicher Körperverletzung. Der Vorwurf: Großkreutz soll nachts um 0.30 Uhr einem Kölner Fan einen Döner ins Gesicht geworfen haben. Augenzeuge Julian Schieber erzählte es so: Großkreuz fühlte sich durch ein spöttisches Lied beleidigt und pfefferte seinen Döner daraufhin auf den Boden – weil er, jetzt O-Ton Großkreutz, »dadurch meine Privatsphäre verletzt« gesehen habe. Der »Dönerskandal« war noch nicht vergessen, schon hagelte es die nächsten Anschuldigungen. Nach dem verlorenen DFB-Pokalfinale in Berlin

gegen die Bayern kam Großkreutz alkoholisiert in die Halle eines Hotels, wo er eine Empfangsdame beleidigt, einen Gast getreten und anschließend in die Lobby uriniert haben soll.

»Ich war total frustriert nach dem Spiel. Ich hatte einen Black-out, es tut mir leid. Ich entschuldige mich bei allen dafür«, sagte Großkreutz nach dem Eklat. Der BVB belegte ihn mit einer Geldstrafe von 50.000 Euro, der höchsten in der Vereinsgeschichte. Beim deutschen Fußball-Bund wurden allerdings keine Konsequenzen aus der Affäre gezogen. Der Allrounder spielte zu diesem Zeitpunkt eine zu wichtige Rolle im Personalkonzept des Bundestrainers, daher durfte er die Reise nach Südamerika mitmachen. Und darf sich Weltmeister nennen, obwohl er in Brasilien ohne Einsatz blieb.

WECHSELSPIEL. Einst stand Kevin Großkreutz selbst auf der Fantribüne, nun blickt der Fan zu ihm herab.

OLIVER HELD

Handspiel, Falschaussage, Abstieg

Wenn er könnte, würde er es rückgängig machen. »Es war der größte Fehler meines Lebens. Aber es ist passiert.« Oliver Held, damals in Diensten des FC Schalke 04 und unter anderem Mitglied der legendären Eurofighter-Truppe, die 1997 den UEFA-Cup gewonnen hat, ist der erste Spieler, der wegen einer Falschaussage vom DFB-Sportgericht gesperrt wurde. Und derjenige, über den sie noch heute in Köln sagen, er sei schuld am ersten Abstieg des 1. FC aus der Bundesliga.

Es ist ein Nachholspiel am 29. April 1998. Köln muss auf Schalke gewinnen, um die Chance auf den Klassenerhalt zu wahren. Das Team des FC versucht alles, stürmt mit Mann und Maus, ist besser als Schalke. Dann die 81. Minute. Der Kölner René Tretschok schießt, Oliver Held wehrt den Ball auf der Torlinie ab. Eine undurchsichtige Situation. Denn Held springt hoch und hält dabei die Hand neben den Kopf. Schiedsrichter Uwe Kemmling ist sich nicht sicher, wie er die Szene interpretieren soll: Kopf oder Hand, Elfmeter oder keiner? Er befragt den Schalker Spieler. Der sagt, es sei der Kopf gewesen. Also kein Strafstoß. Es kommt, wie es kommen muss: In der Nachspielzeit gelingt Latal sogar noch das 1:0 für Schalke. Köln ist am Abgrund, und FC-Stürmer Toni Polster wettert über Held: »Ich wünsche ihm, dass er nie wieder Glück hat im Leben.« Anderthalb Wochen später ist Köln tatsächlich abgestiegen. Der erste Bundesliga-Meister verschwindet erstmals aus dem Oberhaus.

GESTRAFT. Oliver Held spielte Hand und sagte Kopf.

Und Oliver Held?

Es sei kein absichtliches Handspiel gewesen, sondern ein Reflex, sagt er später. Er sei verwirrt gewesen über die Frage des Schiedsrichters, in diesem Moment sei ihm die eigene Mannschaft wichtiger gewesen als die Wahrheit. Aber nicht einmal die Mitspieler goutierten sein Verhalten. Viel schmerzhafter als die zwei Spiele Sperre durch das DFB-Sportgericht bleibt schließlich die Charakterfrage, die ihm bis heute gelegentlich gestellt wird. Und die ihn noch immer ärgert. Held: »Die Geschichte wird mich mein ganzes Leben lang verfolgen.«

42

THOMAS HELMER

Das Phantomtor, das Titel und Abstieg entschied

DER BEWEIS. Köpke am Boden, Helmer stochert daneben, der Ball trudelt neben den Pfosten.

»WIE SO OFT LIEGT AUCH HIER DIE MITTE IN DER WAHRHEIT.« (RUDI VÖLLER)

Die Saison 1993/94 wurde durch eine Tatsachenentscheidung geprägt, der keine Tatsache entsprach. Der FC Bayern wurde Meister, der 1. FC Nürnberg stieg ab. Und das, weil Schiedsrichter Hans-Joachim Osmers ein Tor anerkannt hatte, das keines war. Es bedeutete an diesem 23. April 1994 das 2:1 für die Münchner im Spiel gegen den Club. Den Nürnbergern hätte ein Punkt aus der Begegnung gereicht, um später den SC Freiburg in die 2. Liga zu schicken. Doch es erwischte die Franken.

Es geht um das Phantomtor von Thomas Helmer.

Der 32. Spieltag, die 26. Minute im Münchner Olympiastadion: Marcel Witeczek schlägt einen Eckball vors Nürnberger Gehäuse. Thomas Helmer steht einen Meter vor der Torlinie, bekommt den Ball an den Oberschenkel. Nürnbergs Keeper Andreas Köpke liegt am Boden und streckt sich vergebens. Aber der Ball springt nicht ins, sondern neben das Tor. Köpke grinst und Helmer dreht enttäuscht ab – als plötzlich Jubel durch das Stadionrund brandet. Linienrichter Jablonski sprintet zur Mittellinie, hat auf Tor entschieden. Osmers folgt ihm, 1:0 für die Bayern.

Thomas Helmer, heute Sport.1-Moderator: »Damals gab es noch keine Livebilder, die sofort hätten belegen können, was Sache war. Erst nach dem Spiel haben wir alle gesehen, dass der Ball nicht drin war.« Die Diskussion darüber ist müßig, der Beweis eindeutig. Das Foto mit Helmer am Pfosten hängt in Postergröße hinter dem Schreibtisch von Osmers und erinnert ihn jeden Tag an eine der größten Fehlentscheidungen eines Schiedsrichters in der Bundesliga-Geschichte. Natürlich erkannte Osmers beim Studium der TV-Bilder seinen Irrtum. »Aber ich musste, wie bei jeder Abseitsentscheidung auch, meinem Assistenten vertrauen. Er hatte die bessere Sicht.«

Was aber war zu tun, wenn eine Tatsachenentscheidung nicht durch die Tatsache gestützt wurde? Der Deutsche Fußball-Bund setzte ein Wiederholungsspiel an, das die Bayern zehn Tage später mit 5:0 gewannen – statt des Unentschiedens, zu dem es ohne Helmers Phantomtor wahrscheinlich gekommen wäre, ein Sieg, mit dem die Münchner am Saisonende vor dem 1. FC Kaiserslautern den Titel holten. Die Entscheidung des DFB brachte übrigens die FIFA gehörig auf die Palme, die die Missachtung der Tatsachenentscheidung des Schiedsrichters als Verstoß gegen die Statuten wertete, mit Geldstrafe, Punktabzug in der WM-Qualifikation bis hin zum Turnierausschluss drohte.

Thomas Helmer ärgert sich bis heute nur über eines: »Okay, das 1:0 war nicht drin. Aber das Tor zum 2:1 habe ich mit einem herrlichen Volleyschuss aus 16 Metern auch noch erzielt. Das findet jetzt in keiner Statistik mehr Niederschlag.« Später war es dann derselbe Spieler, der noch einmal im Mittelpunkt stand: Kurz vor Schluss brachte Helmer Christian Wück im Strafraum zu Fall. Es gab Elfmeter für den Club, doch Nürnbergs Manni Schwabl scheiterte am Bayern-Torhüter Raimond Aumann.

THOMAS HITZLSPERGER

Outing nach der Karriere

Sein Spitzname spricht für Härte. In England, wohin er bereits mit 18 Jahren wechselte, tauften sie ihn ob seiner Schusskraft »Hitz The Hammer«. Bei Aston Villa wurde er zum Profi. Jürgen Klinsmann holte ihn 2004 in die Nationalmannschaft, 2007 wurde er mit dem VfB Stuttgart Deutscher Meister. Hitzlsperger brachte es auf 52 Länderspiele, wurde WM-Dritter 2006, Vize-Europameister 2008. Aber die meisten Schlagzeilen machte er erst nach seiner Karriere.

Denn Thomas Hitzlsperger ist der erste Fußballprofi, der sich als Homosexueller outete. In einem Interview mit der ZEIT, für die er auch als Kolumnist tätig ist und deren Redakteuren er sich anvertraut hatte, sagte er im Januar 2014 und damit rund vier Monate nach seinem Karriereende: »Ich äußere mich zu meiner Homosexualität. Ich möchte gern eine öffentliche Diskussion voranbringen – die Diskussion über Homosexualität unter Profisportlern.«

GEFRAGT. Thomas Hitzlsperger, hier mit ZDF-Moderatorin Jessy Wellmer.

DIETER HOENESS

Ein Turban mit Symbolkraft

Ein Spiel hat ihn berühmt gemacht. Es war der 1. Mai 1982, der Tag der Arbeit. Im Frankfurter Waldstadion kam es im DFB-Pokalfinale zum Südderby. Die favorisierten Bayern gegen den großen Außenseiter 1. FC Nürnberg. Aber bei Halbzeit führte der Club mit 2:0.

Ein Kopfballkracher in der 15. Minute hatte die Bayern zusätzlich geschockt. Alois Reinhardt und Dieter Hoeneß waren mit den Schädeln zusammengeprallt. Eine klaffende Risswunde am Kopf verarztete Münchens Mannschaftsarzt Dr. Müller-Wohlfahrt erst mit einem Pflaster, dann mit einem Verband, schließlich mit einem Turban. Aber das Blut tränkte auch den Turban blutrot. Hoeneß wurde schwarz vor Augen, er kämpfte mit Gleichgewichtsstörungen, wollte bei Halbzeit raus. Der Doc nähte die Wunde – ohne Betäubung. Und Jungmanager Uli Hoeneß überredete seinen Bruder: »Wir brauchen dich.« Dieter Hoeneß machte weiter. Und wie.

Beim 1:2 durch Rummenigge legte er per Kopf vor. Auch beim 2:2 von Wolfgang Kraus war sein Kopf im Spiel. Das 3:2 gelang Paul Breitner per Elfmeter. Und den Schlusspunkt setzte Dieter Hoeneß selbst. Der Kämpfer, ganze 188 Zentimeter groß, schraubte sich in der 89. Minute in die Luft und nickte eine Breitner-Flanke zum 4:2 ins Netz. Anschließend saß er da auf dem Hosenboden, reckte die Hände in den Himmel und strahlte mit seinem erneut rot verschmierten Turban über das ganze Gesicht. »Dafür«, so Bayern-Präsident Willi O. Hoffmann auf der Tribüne, »hat der Dieter das eiserne Kreuz verdient.«

Das Echo war umwerfend positiv und kam aus allen Gesellschaftsschichten. Doch auf die Frage, warum er mit dem Outing bis nach seiner Karriere gewartet habe, antwortete er: »Wer ein Gefühl für die Stimmung in einer Mannschaft hat, der weiß einfach, was angesagt ist. Der Gruppenzwang kann enorm sein.« Der Profisport sei sehr hart, so Hitzlsperger in dem Zeit-Interview: »Kampf, Leidenschaft und Siegeswille sind untrennbar miteinander verknüpft.« Das passe nicht zu dem Klischee vieler Leute von Schwulen als Weicheiern.

Der »Hammer« hatte nun diesem Klischee Paroli geboten. Ein Anfang war gemacht.

Dieter Hoeneß wurde am Tag des DFB-Pokalfinales von Frankfurt zum Helden und zur Legende. Erstmals nach elf Jahren hatten die Bayern wieder den Pokal gewonnen. Und keines seiner zahllosen Tore, die er für Bayern erzielte, hatte so große Strahlkraft wie der Kopfball in der 89. Minute. Es symbolisierte die Kampfkraft, den Siegeswillen und vielleicht auch den Dusel, die so typisch sind für die Bayern. Dieter Hoeneß wurde mit dem Klub schließlich insgesamt fünfmal Meister und dreimal Pokalsieger.

POKALHELD. Der Turban machte Dieter Hoeneß berühmt.

ULI

OENESS

Absturz überlebt, an Steuern gescheitert

Der 17. Februar 1982 war ein Länderspieltag: Deutschland gegen Portugal in Hannover, ein Testspiel vor der Weltmeisterschaft. Uli Hoeneß, damals 30 und schon drei Jahre Manager des FC Bayern München, hatte sich mit drei Freunden zum Flug in die niedersächsische Landeshauptstadt verabredet. Um 18.19 Uhr hob die zweimotorige Propellermaschine mit Pilot Wolfgang Junginger, einem früheren Skirennläufer, dem Studenten Thomas Kupfer als Kopiloten, Helmut Simmler, dem Direktor des Münchner Copress-Verlags, und dem Bayern-Manager in München ab. Hoeneß verkroch sich gleich nach ganz hinten rechts, legte sich schlafen. Um 19.45 Uhr erreichte den Tower des Flughafens Hannover-Langenhagen ein Notruf: »Engines trouble«, Maschinenschaden. Danach verschwand die Piper Seneca vom Radar.

Die Absturzstelle lag im Heitlinger Moor nahe Osterwalde, 15 Kilometer nordwestlich des Flughafens. Der Förster Karl-Heinz Deppe fand die Trümmer und einen Mann, der orientierungslos und blutüberströmt über den Boden robbte: »Mir ist kalt, ich friere.« Deppe holte eine Decke, wickelte den Mann ein und setzte ihn auf den Beifahrersitz seines Wagens.

Hoeneß hatte Glück gehabt, weil er hinten saß, nicht angeschnallt war und schlief. Beim ersten Aufprall auf dem Boden vor dem Zerschellen der Maschine wurde er herausgeschleudert. Er hatte Arm, Rippen und Knöchel gebrochen, eine Lungenquetschung und eine Gehirnerschütterung erlitten, schwebte aber nicht in Lebensgefahr. Als einziger der vier Insassen der Privatmaschine hatte er den Absturz überlebt.

32 Jahre später. Der Präsident des FC Bayern und Aufsichtsratsvorsitzende der FC Bayern AG wird am 13. März 2014 von der 5. Strafkammer des Landgerichts München II zu dreieinhalb Jahren Freiheitsstrafe verurteilt. Daraufhin tritt er von allen Ämtern beim FC Bayern zurück. Am 2. Juni beginnt seine Haftstrafe in der Justizvollzugsanstalt Landsberg.

Was war passiert?

ÜBERLEBT. Das Flugzeugwrack nach dem Absturz, den nur Uli Hoeneß überlebte.

Am 16. Januar 2013 hatte der Stern von einem Nummernkonto in der Schweiz berichtet, auf dem ein Spitzenfunktionär eines Bundesliga-Klubs dreistellige Millionenbeträge verstecke. Einen Tag später erstattete Hoeneß, aufgescheucht von den Recherchen, Selbstanzeige, die das Gericht später nicht akzeptierte. Am 20. März durchsuchte die Staatsanwaltschaft sein Haus am Tegernsee und hatte einen Haftbefehl im Gepäck. Gegen eine Kaution von fünf Millionen Euro blieb Hoeneß auf freiem Fuß.

Durch Indiskretionen, die Hoeneß gerichtlich verfolgen ließ, wurde der Fall öffentlich. Spätestens jetzt kam die Affäre wegen Steuerhinterziehung richtig ins Rollen. Nach der Berichterstattung über seinen Fall wurde von einem Hoeneß-Effekt gesprochen. Denn insgesamt gingen allein in den ersten sechs Monaten nach Bekanntwerden seiner Steuertricksereien 8.000 Selbstanzeigen bei den deutschen Finanzbehörden ein. Das Hoeneß-Beben hatte längst nicht nur den Sport erfasst, sondern ganz Deutschland.

In der Anklageschrift war zunächst von nur 3,5 Millionen Euro hinterzogenen Steuern die Rede. Nach vier Prozesstagen allerdings war das ganze Ausmaß bekannt. Hoeneß hatte binnen zehn Jahren 52.000 Transaktionen getätigt, vorwiegend Devisentermingeschäfte, die ihm insgesamt dreistellige Millionengewinne bescherten. Er selbst bezeichnete sich als »börsensüchtig, aber inzwischen kuriert«. Das Urteil lautete auf schuldig der Steuerhinterziehung in sieben Fällen in Höhe von 28,5 Millionen Euro und Haftstrafe von dreieinhalb Jahren.

47

Nach Verbüßung der halben Strafe endete Hoeneß' Haftzeit am 28. Februar 2016, der Rest wurde für drei Jahre zur Bewährung ausgesetzt. Hoeneß, der sich während seiner Zeit als Bayern-Manager und -Vorstand auch immer wieder als Gutmensch mit großer Sozialkompetenz gezeigt und gern die moralische Instanz des deutschen Fußballs gegeben hatte, war an seiner Spielsucht gescheitert. Die Steuerschulden zahlte er unverzüglich zurück. »Es war der größte Fehler meines Lebens.«

ERNST

UBERTY

Bis 1988 zeigte die Sportschau nur drei Spiele

Ernst Huberty ist ein Mann der ersten Stunde bei der ARD-Sportschau. Er erzählt gern folgende Geschichte. »Wir haben bei Preußen Münster angerufen und angefragt, ob wir ein paar Bilder senden können. Da hat mir der Präsident gesagt: ›Hören Sie, wir sind nur ein kleiner Verein. So eine Übertragung können wir uns gar nicht leisten.‹«

Die Sportschau wurde 1961 eingeführt, zwei Jahre vor der Bundesliga. Gesendet wurden die Spielberichte zunächst am Sonntag. Der erste Teil von 18.30 Uhr bis 20.00 Uhr, der zweite Teil in einer Spätausgabe von 22.40 bis 23.40 Uhr. Ihren Sendeplatz am Samstag bekam die Sportschau auf Initiative von Robert Lemke (»Was bin ich?«) erst 1965. Lemke gehört ebenso zu den Fernsehmännern aus Bundesliga-Urzeiten wie Karl Senne, Wim Thoelke, Harry Valérien, Sammy Drechsel, Oskar Klose oder der spätere WDR-Hörfunkchef Kurt Brumme.

Als Heribert Faßbender 1982 WDR-Sportchef wurde, forschte er in den Kölner Archiven nach den Bildern des ersten Spieltags. Er fand keinen Sendemitschnitt, nur drei Berichte ohne Ton. Vom ersten Bundesliga-Spieltag am 24. August 1963 gibt es also nur Bilder von drei Spielen. Vom ersten Bundesliga-Tor, das der Dortmunder Timo Konietzka nach 53 Sekunden in Bremen erzielte, existieren gar keine Bewegtbilder. Und bis 1988 zeigte die Sportschau überhaupt nur drei Spiele. Erst später gab es im ZDF-Sportstudio »alle Spiele, alle Tore«. Zuvor informierten die Regionalprogramme der ARD über die Partien aus der näheren Umgebung.

Es war die Zeit der Motorradkuriere. Bei Halbzeit schnappten sie sich die erste Filmrolle, brachten sie zum Schnitt ins Studio. Mit dem Schlusspfiff gegen 17.15 Uhr startete der Reporter mit dem Bericht über die zweite Halbzeit im Hubschrauber oder Sportflugzeug. War das Wetter schlecht, konnte er oft nicht starten. Dann fiel der Spielbericht kurzerhand aus.

Aus dieser Situation entwickelte der Hobbymotorradfahrer Jupp Groß ein neues Geschäftsmodell und gründete eine Firma speziell für den Transport

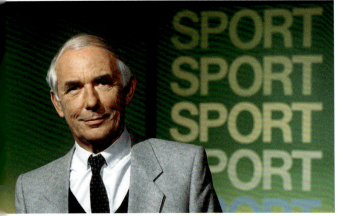

MISTER SPORTSCHAU: ARD-Moderator Ernst Huberty.

von Filmmaterial aus den Bundesliga-Stadien ins Kölner Sportschau-Studio. Für die Strecke von Bielefeld nach Köln benötigten er und seine Mitarbeiter immerhin rund 70 Minuten. Sie erreichten das Funkhaus also erst um etwa 18.25 Uhr, während die Sportschau bereits ausgestrahlt wurde. Gehörte Bielefeld zu den Top-Drei-Spielen, wurde die Partie garantiert zuletzt gezeigt. Zwei Jahrzehnte lang florierte Groß' Unternehmen, bis die Einführung neuer Übertragungstechniken und das Privatfernsehen mit Sendungen wie der RTL-Show »Anpfiff« (1988), der Einführung des Bezahlsenders Premiere und später »Ran« auf SAT.1 die Bundesliga-Berichterstattung revolutionierten. Heute entgeht natürlich kein Tor den Kameras mehr. Und die Zeiten, als ein Vereinspräsident unkte, er müsse für eine TV-Übertragung bezahlen, sind auch längst vorbei.

OLLI ISOAHO

Zehn Gegentore in 45 Minuten

Deutschland hatte noch nie ein Torwartproblem. Tilkowski, Maier, Kahn, Neuer – Schlussmänner, um die uns die Fußballwelt beneidet.

Auch Bielefeld hatte Anfang der 1980er Jahre keine Torwartsorgen. Mit Uli Stein gelang 1980 der Aufstieg in die Bundesliga, bevor die extrovertierte Nummer 1 zum HSV wechselte. Als Nachfolger wurde Wolfgang Kneib verpflichtet, der UEFA-Cup-Sieger

REKORD-FINNE. Olli Isoaho kassiert einen von zehn Gegentreffern. Dortmunds Lothar Huber bejubelt sein Elfmeter-Tor.

DITMAR JAKOBS

Eine große Karriere endet am Karabinerhaken

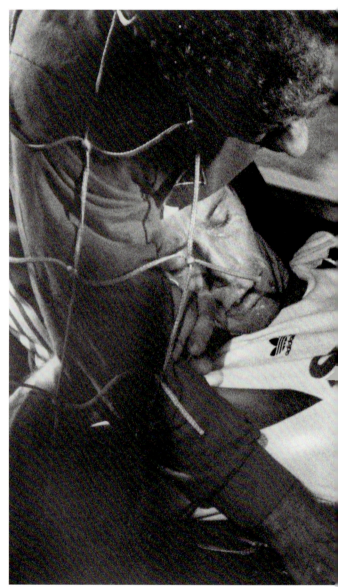

aus Gladbach. Aber dann kam der Finne Olli Isoaho – und der 6. November 1982.

An diesem Tag kassierte der Finne in einer Halbzeit zehn Gegentore. 0:10 in 45 Minuten.

Bielefeld, unter Trainer Horst Köppel sensationell in die Saison gestartet, zeitweise sogar Tabellenführer, trat bei Borussia Dortmund an. Und ging im Westfalenstadion in Führung, Frank Pagelsdorf erzielte das 1:0 (16.). Nur drei Minuten später allerdings konnte Manfred Burgsmüller ausgleichen. Was nach dem Pausentee folgte, gehört ins Kuriositätenkabinett der Bundesliga-Geschichte und natürlich auch in die Rekordbücher.

Bis zur 60. Minute stand es 3:1. Burgsmüller (46.) und Abramczik (47.) hatten den BVB mit einem Doppelschlag auf die Siegerstraße gebracht. Aber nach einer Stunde brachen alle Dämme, die Tore fielen quasi im Vier-Minuten-Takt. Am Ende stand ein 11:1. Burgsmüller hatte allein fünf Tore erzielt, Klotz (3), Abramczik, Raducanu und Huber machten das Schützenfest perfekt. In der 87. Minute verzichtete Burgsmüller sogar auf die Ausführung eines Elfmeters und überließ das Tor Lothar Huber.

Geboren wurde an jenem Tag der Begriff von »Pannen-Olli«, der später Oliver Reck zugeschrieben wurde. Es war auch der Anfang vom Ende der Bundesliga-Karriere des Olli Isoaho, nach 15 Einsätzen wechselte »Pannen-Olli« nach Hongkong ...

> »NIEMAND IST PERFEKT, AUCH DER BALL NICHT.«
> (OLAF THON)

Oberhausen, das ist Ruhrgebiet in Reinkultur. Hier steht die älteste Grubenzeche der Region. Die 200.000-Einwohner-Stadt ganz im Westen des Kohlenpotts riecht förmlich nach Arbeit, Plackerei und Mühsal. Oberhausen ist die Geburtsstadt von Ditmar Jakobs.

Mit 17 darf er schon in der ersten Mannschaft von Rot-Weiß Oberhausen spielen. Rackert sich durchs Mittelfeld, erzielt zwölf Tore. RWO steigt in der Saison 1972/73 trotzdem aus der Bundesliga ab. Der unspektakulär spielende, aber stets zuverlässige Kämpfer mit der vorbildlichen Einstellung beginnt seine Fußballodyssee: Tennis Borussia Berlin, wieder Abstieg, wieder Aufstieg. Dann MSV Duisburg, wo er von Hamburgs Manager Günter Netzer entdeckt und zum großen HSV geholt wird.

Der Arbeiter wird zum Star. Er holt Titel. Wird Deutscher Meister,

BITTERES ENDE. Ditmar Jakobs hängt gefangen im Tornetz, ein Karabinerhaken hat sich in seinen Rücken gebohrt. Links: HSV-Masseur Hermann Rieger.

wird Pokalsieger, gewinnt den Europapokal der Landesmeister. Wird Nationalspieler und bestreitet ganz überraschend sämtliche Spiele bei der WM 1986. Aber Jakobs bleibt Jakobs. Immer zurückhaltend, immer bescheiden. Und sein Einsatz nimmt nie ab.

Inzwischen ist er 36, spielt seine zehnte Saison in Hamburg. Es ist das Nordderby gegen Bremen, ein Mittwochsspiel. Nur 14.000 Zuschauer sind an jenem 20. September 1989 im Volksparkstadion. So wenig wie seit 20 Jahren nicht mehr. Denn sowohl der HSV als auch Werder haben keinen guten Saisonstart hingelegt, dümpeln im Mittelfeld herum. Jakobs ist – wie immer – der Abwehrchef, eine feste Größe im Spiel von Trainer Willi Reimann. Es läuft die 15. Spielminute. Bremens Wynton Rufer, der Neuseeländer, läuft alleine auf Torwart Golz zu. Der HSV-Schlussmann stürmt aus seinem Tor, ist fast an der Strafraumgrenze, wirft sich dem Stürmer entgegen. Aber Rufer hebt den Ball clever über den Schlussmann Richtung Kasten. Jakobs läuft hinterher, ist voll auf den Ball konzentriert, erwischt das Leder vor der Linie, drischt es weg. Und rutscht und rutscht und rutscht, bis er vom Netz aufgehalten wird. Dort bleibt er regungslos liegen.

Was keiner im Stadion ahnt: Es ist die letzte Aktion in der langen Karriere des Vizeweltmeisters. Ditmar Jakobs wird kein Spiel mehr bestreiten.

Die Begegnung wird unterbrochen. Für ganze 25 Minuten. Die Ärzte eilen herbei. Noch immer liegt Jakobs regungslos im Netz. Es ist passiert, was nicht passieren darf. Ein defekter Karabinerhaken, der das Tornetz mit dem Boden verbindet, hat sich in seinen Rücken gebohrt. Selbst die Mediziner können die Situation nur schwer beurteilen. HSV-Mannschaftsarzt Dr. Axel Fielker zückt schließlich das Skalpell, macht einen zehn Zentimeter langen Schnitt in Jakobs' Rücken. So wird der Spieler befreit, kann auf eine Trage gelegt, ins Krankenhaus transportiert werden. Erst später wird deutlich, was wirklich geschehen ist:

Der Haken im Rücken hat Nervenstränge beschädigt, der Schnitt tat ein Übriges. Und Nerven wachsen nie wieder zusammen ...

Viermal hatte sich Jakobs in seiner Karriere das Nasenbein gebrochen, zweimal die Mittelhand, Bänderrisse an beiden Knöcheln erlitten, ein Stollen hatte ihm die Oberlippe aufgeschlitzt. All das konnte ihn nicht umhauen. Der Haken im Hamburger Tornetz schon. Tennis spielen kann er nicht mehr, er hat sich inzwischen für den Golfball entschieden. Aber die Schmerzen sind noch immer da: Sie stammen von den verletzten Nervensträngen, aber auch von anderen früheren Verletzungen. Lange 19 Jahre Arbeit als Fußballprofi haben ihre Spuren hinterlassen.

OLIVER KAHN

Die Golfballattacke von Freiburg

Es läuft die 85. Minute. Die Münchner Bayern führen am 12. April 2000 in Freiburg mit 2:1. Da sackt Oliver Kahn plötzlich zusammen. Blut schießt aus einer Wunde am Kopf, eine schreckliche Szene im sonst so beschaulichen Freiburg.

Ein gelber Golfball, geworfen von den Zuschauerrängen, hat den Bayern-Torwart getroffen. Zur Tatwaffe ist eine 45,93 Gramm schwere Kugel mit 42,67 Millimeter Durchmesser geworden. Der Kern des Balls besteht aus Stahl, ist mit Gummifäden umwickelt und wird von einer Kautschukhülle umschlossen.

»An der Schläfe«, so der Hamburger Mediziner Dr. Gerold Schwartz später, »ist der Schädelknochen am dünnsten. Wenn so ein Golfball eine unglückliche Stelle trifft, kann das auch tödlich sein.«

Kahn wird am Boden liegend behandelt, Gesicht und Trikot sind von Blut verschmiert. »Schauspieler, Schauspieler«, dröhnt es von den Rängen. Da rastet der eben noch von den Sanitätern Versorgte aus, springt auf und rast über das Spielfeld. Er wird von Manager Uli Hoeneß eingefangen und zurückgehalten. Kahn: »Der Frust, der Schock, die Angst, das Adrenalin – das alles musste einfach raus.« Nicht die Schmerzen, sondern der Vorwurf der Schauspielerei hat ihn dermaßen getroffen, dass er nicht mehr an sich halten kann. Hoeneß gelingt es, den Torwart zu beruhigen. Der stellt sich wieder zwischen die Pfosten, verhindert so einen Spielabbruch und eine mögliche Platzsperre für den SC Freiburg. Erst nach Schlusspfiff wird die Platzwunde mit zwei Stichen genäht.

Freiburg setzte nach dem Spiel eine Belohnung von 1.000 Mark aus, um den Täter zu überführen. Es gelang. Ein 16-jähriger Schüler wurde von seinen Tribünennachbarn als Golfballwerfer identifiziert und später zu 30 Stunden gemeinnütziger Arbeit verurteilt.

BLUTVERSCHMIERT. Oliver Kahn mit der Platzwunde am Kopf und dem Golfball in der Hand.

»DA IST DAS DING.«
(OLIVER KAHN 2001 NACH DEM GEWINN DER CHAMPIONS LEAGUE)

KEVIN KEEGAN

Die »Mighty Mouse« stürmte die Charts

Er war zu seiner Zeit der Superstar des europäischen Fußballs. Mit dem FC Liverpool hatte er zweimal den UEFA-Cup gewonnen, 1977 auch den Europapokal der Landesmeister. 1978 und 1979 wurde der kleine Engländer jeweils zu Europas Fußballer des Jahres gewählt.

»Ich habe ein BBC-Interview gehört. Da sagte er, dass er eine neue Herausforderung suche. Und ich suchte einen Superstar.« So erzählte HSV-Manager Dr. Peter Krohn über den Sensationstransfer. Tatsächlich wechselte Kevin Keegan, damals 26 Jahre alt und auf dem Höhepunkt seiner Karriere, 1977 in die Bundesliga. Der HSV ließ sich den Wechsel 2,3 Millionen Mark kosten, der bis dahin teuerste Transfer der Bundesliga-Geschichte.

Kevin Keegan, der Superstar. Im ersten Jahr unter den Trainern Rudi Gutendorf und Arkoc Özcan reichte es für den HSV nur zu Platz zehn. Aber Keegan spielte sich in die Herzen der Hamburger. Der kleine Wuschelkopf, Kapitän der englischen Nationalmannschaft, führte den Verein nach oben. In seiner zweiten Saison unter Trainer Branko Zebec und dem neuen Manager Günter Netzer erzielte er 17 Tore und machte auch damit die Hanseaten zum Deutschen Fußballmeister. Uwe Seeler rückblickend: »Er hat sich nichts auf seine Weltklasse eingebildet, das zeichnet große Spieler aus. Keegan war sympathisch, menschlich und bescheiden.«

KÖNIGSTRANSFER. Kevin Keegan verzauberte die Hamburger Zuschauer.

Keegan wurde aber auch zum ersten Popidol der Bundesliga. Mit seiner Single »Head over Heels«, die er mit der Gruppe Smokie aufnahm, stürmte er in der deutschen Hitparade bis auf Platz zehn, in den britischen Charts auf Platz 31. Kevin wurde zu einem der beliebtesten männlichen Vornamen, weil die sympathische »Mighty Mouse« (Supermaus) auch Frauenherzen höherschlagen ließ. Als er nach drei Jahren den Abschied aus der Hansestadt und seine Rückkehr auf die Britischen Inseln verkündete, war ganz Hamburg geschockt. So sehr, dass binnen einer Woche sämtliche Titel verspielt wurden. Nach einem legendären 5:1-Heimsieg über Real Madrid im Halbfinale des Europapokals der Landesmeister ging das Finale gegen Nottingham Forest 0:1 verloren. Und die Deutsche Meisterschaft sicherte sich nach einer Niederlage des HSV in Leverkusen am vorletzten Spieltag erneut der Erzrivale Bayern München.

Kevin Keegan allerdings ist in Hamburg ein Idol und unvergessen geblieben, war er doch maßgeblich am Zustandekommen der erfolgreichsten Ära beteiligt, die es für den HSV je gegeben hat.

> »ICH HABE VERSUCHT, DEN SPIELERN DAS GEFÜHL ZU GEBEN, DASS SIE FEHLER MACHEN DÜRFEN. DAS HABEN SIE BIS AUF WENIGE AUSNAHMEN GUT GEMACHT«
> (RUDI VÖLLER)

STEFAN KIESSLING

Ein peinliches Phantomtor

DIE SZENE. Stefan Kießling köpft, der Ball fliegt Richtung Außennetz – und flutscht von da durch ein Loch ins Tor.

Die Engländer nennen es ein »Ghost Goal«. In Frankreich sprechen sie von einem »But imaginaire«. Auf Deutsch heißt es schlicht Phantomtor.

REAKTIONEN: Hoffenheims Torwart Casteels hechtet ins Leere, Kießling rauft sich die Haare.

Sachen gibt's, die gibt es gar nicht.

Im Oktober 2013 köpft Leverkusens Angreifer Stefan Kießling beim Spiel in Hoffenheim einen Eckball Richtung Tor. Er geht davon aus, dass der Ball daneben war, dreht ab und rauft sich die Haare. Plötzlich aber bestürmen ihn die Kollegen, gratulieren zum 2:0. Kießling später ahnungslos am TV-Mikrofon: »Ich habe den Ball Richtung Außennetz fliegen sehen, aber den Einschlag nicht mitbekommen.« Schiedsrichter Dr. Brych hatte – auch nach Rücksprache mit Kießling – auf Tor entschieden.

Der Ball war in der Tat »drin«, zappelte im Netz. Aber im Außennetz gab es ein Loch. Durch die an dieser Stelle zerrissenen Maschen war der Ball hindurchgerutscht. Also eindeutig ein Treffer, der keiner war. Noch nie zuvor hatte ein Ball derart seinen Weg hinter die Torlinie gefunden. Fortan war Kießling der Buhmann: »Jeder unterstellt mir, dass ich das gesehen habe und es hätte sagen müssen. Aber ich wusste ebenso wenig wie die 25.000 Zuschauer im Stadion, wie der Ball hinter die Torlinie gekommen war.«

Im modernen Profifußball wird heute alles elektronisch gesichert und überwacht. In Hoffenheim hatten sie lediglich ein Loch im Tornetz übersehen. Deshalb lehnte das DFB-Sportgericht auch ein Wiederholungsspiel ab – der Gastgeber hatte die Aufsichtspflicht verletzt und damit ein klassisches Eigentor geschossen, ein Phantomtor von Stefan Kießling zugelassen. Die TSG verlor das Spiel mit 1:2.

> »HEUTE HERRSCHT DIE ANGST VORM VERSAGEN: WER EINEN ECKBALL HINTERS TOR HAUT, IST DIE OBERPFEIFE, WER TRIFFT, IST REIF FÜR DIE NATIONALELF.«
> (PIERRE LITTBARSKI)

IVAN KLASNIĆ
Der einzige Profi mit einer Spenderniere

Ivan Klasnić, in Hamburg geborener Kroate, hat mit vielen Toren Schlagzeilen gemacht. Für Werder Bremen erzielte er zwischen 2001 und 2008 in 151 Bundesliga-Spielen 49 Treffer, mit dem Verein wurde er 2004 Deutscher Meister und Pokalsieger. Für Kroatien (41 Länderspiele/12 Tore) nahm er an der WM 2006 in Deutschland teil. Aber bekannt wurde Klasnić vor allem deshalb, weil er weltweit der erste Profifußballer ist, der nach einer Nierentransplantation weiter seinen Beruf ausüben konnte.

Im November 2005 wurden bei ihm extrem schlechte Werte festgestellt, die Nierenfunktion lag nur noch bei 28 Prozent. Diagnose: Niereninsuffizienz. Bei dem damals 25-Jährigen konnte nur noch eine Transplantation helfen. Im Januar 2007 wurde Klasnić die Niere seiner Mutter eingepflanzt, doch sein Körper nahm das neue Organ nicht an. Zwei Monate später der zweite Versuch. Diesmal stellte sich der Vater als Spender zur Verfügung. Die Transplantation verlief erfolgreich. Obwohl ihm sämtliche Ärzte rieten, die Karriere zu beenden, kämpfte der Stürmer um sein Comeback. Im Oktober 2007, also nur sieben Monate nach dem erfolgreichen Eingriff, stand er erstmals wieder in einem Punktspiel auf dem Platz, debütierte in Werders 2. Mannschaft ausgerechnet gegen seinen Exklub FC St. Pauli. Zwei Monate später zeigte er sich erneut auf der Bundesliga-Bühne: Beim Bremer 5:2-Sieg über Bayer Leverkusen glänzte er als zweifacher Torschütze und wurde von den Fans begeistert gefeiert. Klasnić damals: »Früher kam erst der Fußball, dann die Gesundheit. Jetzt ist es anders herum.«

NOVUM. Ivan Klasnić feierte sein Comeback nach einer Nierentransplantation.

In den ersten Monaten trug er einen Plastikschutz, um die empfindliche Stelle um das neue Organ herum zu schützen. Mit einem speziellen Training seiner Bauchmuskulatur baute er einen organischen Schutz auf, der das Verletzungsrisiko auf ein Normalmaß reduzierte. Medikamente jedoch wird Klasnić sein Leben lang einnehmen müssen.

Die Ursache für die Nierenerkrankung und die notwendig gewordene Transplantation beschäftigte sogar die Gerichte. Klasnić verklagte später zwei Bremer Mediziner auf Schadensersatz, weil seines Erachtens die Erkrankung zu spät erkannt worden sei und die Transplantation zu verhindern gewesen wäre. Das Misstrauen gegenüber den Bremer Ärzten war auch der Grund dafür, warum er 2008 seinen Vertrag mit Werder nicht verlängerte: »Da fehlt das Vertrauen in die medizinische Abteilung.« Er wechselte erst zum FC Nantes nach Frankreich, dann zu den Bolton Wanderers in die englische Premier League – um es 2012 noch einmal in der Bundesliga zu versuchen. Klasnić heuerte beim FSV Mainz 05 an, wo er 2013 seine Karriere beendete.

MAX KLAUSER

Als der Schiri k. o. ging

Er fiel um wie vom Blitz getroffen. Lag auf dem Rücken, die Hände nach oben gestreckt. Wie eine Wachsfigur. Es war der 14. Oktober 1980 und der Tag, als Schiedsrichter Max Klauser aus Vaterstetten k. o. ging.

Ein Flutlichtspiel im Wildparkstadion, der Karlsruher SC hat die Bielefelder Arminia zu Gast. Die Badener versuchen sich im Powerplay. Bielefelds Abwehrspieler Ulrich Büscher weiß sich nicht anders zu helfen, als den Ball unkontrolliert aus der Gefahrenzone zu schlagen. Statt auf der Tribüne landet der Ball in der 69. Minute am Kopf des nur etwa fünf Meter entfernten Schiedsrichters. Büschers Ball trifft Max Klauser direkt an der Schläfe. Klauser später: »Ein klassischer Knock-out, ich war sofort bewusstlos.« Und Büschers entsetzter Kommentar: »Ich dachte, er hat einen Schädelbruch. Ich sah nur noch das Weiße in seinen Augen.«

Das Spiel wurde für 15 Minuten unterbrochen, beide Vereinsärzte eilten auf den Platz, um dem ohnmächtigen Schiedsrichter zu helfen. Linienrichter Dölfel übernahm die Leitung der Begegnung, die 2:1 für

die Karlsruher endete. Doch es gab noch ein Nachspiel. Max Klauser, der zwischen 1972 und 1983 auf insgesamt 90 Bundesliga-Einsätze kam, musste für zwei Tage ins Krankenhaus und eine schwere Gehirnerschütterung auskurieren. Büscher erhielt derweil Post mit einer Forderung über 60.000 Mark zur Begleichung der Krankenhauskosten. Der Bielefelder Spieler vermutete eine Schadensersatzklage von Max Klauser und schrieb einen erbosten Brief an die Adresse des Schiris in Vaterstetten. Der Irrtum wurde jedoch schnell aufgeklärt. Büscher: »Es war keine Klage von Klauser, sondern eine Schadensersatzforderung der Versicherung. Das Verfahren wurde eingestellt. Es war ein Sportunfall und kein vorsätzlicher tätlicher Angriff auf den Schiedsrichter.«

KNOCK-OUT. Schiedsrichter Max Klauser wurde durch einen Befreiungsschlag zu Boden gestreckt. Bielefelds Detlef Schnier eilt zu Hilfe.

JÜRGEN KLINSMANN
Der berühmte Tritt gegen die Werbetonne

Jürgen Klinsmann ist ein emotionaler Mensch. Emotionen sind auch Wut, Enttäuschung und Frust. Während andere Stars ihre Fußabdrücke am Walk of Fame von Hollywood verewigen, hat Klinsmann ein Loch in einer Werbetonne hinterlassen.

Der berühmte Tonnentritt datiert vom 10. Mai 1997, von der Begegnung des FC Bayern München gegen den SC Freiburg. Die Uhrzeiger rückten bedenklich Richtung 17.15 Uhr und damit gen Spielende vor – und es stand noch immer 0:0. Bayerns Trainer Giovanni Trapattoni wechselte mit Carsten Jancker einen weiteren Stürmer ein und gab die Anweisung: Klinsmann solle nach links und Rizzitelli nach rechts rücken, um Jancker in der Mitte Platz zu machen. Daraufhin entwickelte sich ein heftiges Wortgefecht zwischen Trainer und Stürmerstar, weil sich Klinsmann der Umstellung verweigerte. Trap blieb nichts anderes übrig, als die Tafel mit der 18, Klinsmanns Rückennummer, zu ziehen und den Spieler vom Platz zu holen. Stattdessen schickte er den unbekannten Amateur Carsten Lakies aufs Feld, der so zu seinem einzigen Bundesliga-Einsatz kam.

Der Eklat fand eine Fortsetzung. 63.000 Augenzeugen im Olympiastadion und Millionen an den Fernsehgeräten wurden Zeugen, wie nun eine arme Werbetonne unter Klinsmanns Wut zu leiden hatte. Noch immer gestikulierend und schimpfend, trat der offensichtlich gefrustete Starstürmer mit seinem starken rechten Fuß gegen die ummantelte Sperrholzkonstruktion, so stark, dass sie splitterte. Sehr zur Freude übrigens von Motoi Matsunuma, Marketing-

DIE AUSWECHSLUNG: Jürgen Klinsmann, Giovanni Trapattoni, die Werbetonne.

leiter des japanischen Sanyo-Konzerns. Ohne zusätzliches Werbebudget hatte es die Tonne mit dem Schriftzug des Batterienherstellers in jede deutsche Zeitung und in jeden TV-Kanal geschafft. Zum Dank schickte er Klinsmann einen Präsentkorb – gefüllt mit einem Sortiment Batterien und einer nett formulierten Grußkarte.

Jürgen Klinsmann aber ist nicht nur Profi auf dem Rasen, sondern auch in Sachen PR und Marketing. Um die Angelegenheit nicht noch weiter öffentlich eskalieren zu lassen, stellte er sich anschließend reuig den Medienvertretern: »Der Trainer und ich hatten eine Meinungsverschiedenheit. Die Konsequenz war, dass ich ausgewechselt wurde. Was dann passierte,

»WIR LASSEN UNS NICHT NERVÖS MACHEN, UND DAS GEBEN WIR AUCH NICHT ZU.« (OLAF THON)

war eine Überreaktion, die einem Spieler wie mir nicht passieren darf. Die Nerven sind mit mir Gassi gegangen. Es war ein Riesenfehler, eine Dummheit. So was gehört sich nicht. Ich habe mich beim Trainer bereits entschuldigt, und er hat meine Entschuldigung angenommen.« Klinsmann und Trapattoni wurden in diesem Jahr trotzdem noch zusammen Meister.

Zwei Jahre nach dem berühmten Tonnentritt von München bewies Klinsmann noch einmal sein Gespür für werbewirksame Aktionen. Und seine Fähigkeit, sich selbst auf den Arm zu nehmen. Bei seinem Abschiedsspiel am 24. Mai 1999 ließ er die VfB-Allstars gegen das Klinsmann-Dreamteam im Stuttgarter Neckarstadion antreten. Erneut stand eine Tonne am Spielfeldrand. Wieder trat Klinsmann dagegen. Diesmal aber splitterte nichts. Stattdessen löste der Tritt ein Feuerwerk aus.

LEVAN

KOBIASHVILI

Höchststrafe für einen Rekordnationalspieler

Relegation – das ist ein Nervenspiel, da geht es um Existenzen, um Karrieren. Die Berliner Hertha, Drittletzter der abgelaufenen Bundesliga-Saison, hatte im Mai 2012 ihr Heimspiel gegen Fortuna Düsseldorf, den Dritten der 2. Bundesliga, 1:2 verloren. Nun das Rückspiel. 2:2 steht es fünf Minuten vor Schluss, als alle Dämme brechen. Die Fortuna-Fans stürmen den

ESKORTE. Levan Kobiashvili auf dem Spielfeld, dahinter der Aufmarsch von Polizisten. Am Spielfeldrand kam es zum Eklat.

Rasen, feiern bereits vor Spielende euphorisiert den Aufstieg, das Bundesliga-Comeback nach 15 Jahren. Schiedsrichter Wolfgang Stark unterbricht die Partie, schickt die Akteure in die Kabinen.

Die Situation eskaliert. Hertha fühlt sich betrogen. Und Kapitän Levan Kobiashvili brennen die Sicherungen durch. Unbeobachtet von den Kameras schlägt der Georgier den Schiedsrichter mit der Faust auf den Hinterkopf. Der stolpert, trudelt, muss sich am Treppengeländer festhalten, um einen Sturz zu vermeiden. Noch im Stadion erstattet Stark Strafanzeige gegen Kobiashvili.

Nach 20 Minuten Pause wird die Partie zu Ende gespielt. Es bleibt beim 2:2, Düsseldorf ist aufgestiegen. Aber zum Abstiegsfrust gesellt sich das juristische Nachspiel. Das DFB-Sportgericht droht Georgiens Rekordnationalspieler (100 Länderspiele) mit einer Sperre von einem Jahr. Als er geständig ist, wird die Strafe auf sechs Monate reduziert, sie dauert vom 4. Juni bis 31. Dezember 2012 – die längste Sperre, die je im deutschen Profifußball gegen einen Spieler ausgesprochen wurde. 30 Wochen oder 210 Tage darf er weder ein Test- noch ein Freundschaftsspiel bestreiten. »Ich akzeptiere, um weiter meinen Beruf ausüben zu können«, zeigt sich Kobiashvili reumütig. Im Dezember 2012 stimmt er schließlich auch einer mit der Staatsanwaltschaft Düsseldorf ausgehandelten Geldstrafe in Höhe von 60.000 Euro zu.

In der Rückrunde der Saison 2012/13 konnte Kobiashvili Hertha sogar noch zum Wiederaufstieg in die Bundesliga verhelfen, setzte seine Karriere bis 2014 fort und kehrte danach in seine Heimat zurück. Im Oktober 2015 wurde er zum Präsidenten des georgischen Fußballverbands gewählt.

CHARLY

ÖRBEL

Rekord ohne Abschiedsgala

Charly Körbel ist Rekordspieler der Bundesliga. Er brachte es auf 602 Einsätze. Eine Zahl, die heute unerreichbar scheint. Im Alter von 17 gab er – ausgerechnet als Gegenspieler von Gerd Müller – sein Debüt für Eintracht Frankfurt, mit 36 Jahren hängte er – immer noch für die Frankfurter spielend – seine Schuhe an den Nagel. Im Jahr 1980 gewann er den UEFA-Pokal, viermal wurde er Pokalsieger – alles mit und für den hessischen Bundesliga-Verein.

Aber seinen Abgang wird Karl-Heinz Körbel nicht vergessen. Denn die eigentlich als Abschiedsspiel geplante Begegnung sah er nur als Zuschauer. Blumen, Geschenke, warme Worte und große Reden waren für den 15. Juni 1991 geplant, für das Heimspiel gegen den VfB Stuttgart. Die Eintracht musste ohne Körbel antreten, er war gesperrt.

Damals reichten noch vier Gelbe Karten zur einmaligen Versetzung auf die Tribüne. Mit drei Verwarnungen war Körbel zum letzten Auswärtsspiel beim FC St. Pauli angereist. Körbel: »Alle wussten es, dass ich drei Karten hatte. Alle, auch der Schiedsrichter.« Nach 60 Minuten fingerte Michael Prengel trotzdem in seiner Brusttasche und hielt dem »treuen Charly« (so sein Spitzname) die Karte unter die Nase. Körbel erzählt noch heute: »Ich spielte wie immer, und meine Art beinhaltete nun einmal den Körpereinsatz. Es war ein Foul, ein ganz normales Foul. Als es passierte, rannten 22 Spieler auf den Schiri zu, auch die Hamburger. Nutzte natürlich nichts. Und ich war sauer wie nie zuvor.«

62

REKORDSPIELER. Charly Körbel verabschiedet sich nach 602 Bundesliga-Spielen von den Frankfurter Fans.

Fast hätte es trotzdem noch zum 603. Spiel gereicht. Als Kotrainer von Dragoslav Stepanović gehörte Körbel in der Saison 1991/92 zum Betreuerstab der Frankfurter. Als der Eintracht für das letzte Rückrundenspiel in Rostock, nach dem sie bei einem Sieg hätte Deutscher Meister werden können, die Verteidiger ausgingen, beantragte die Eintracht eine Spielgenehmigung für Körbel. Der Eintracht-Rekordspieler: »Ich sah mich schon als Deutscher Meister. In Rostock sollte ich spielen. Aber Stepi bekam Muffe, sagte mir: ›Sie reißen mir den Kopf ab, wenn das schiefgeht.‹ Ich hab gebettelt: ›Lass mich spielen, ich hab in meiner Karriere vier Endspiele gemacht und nie verloren.‹ Er ließ mich nicht spielen – und wir verloren. Mit mir wäre die Eintracht wohl Meister geworden.«

So bleibt gleich zweimal eine Fußball-Vita unvollendet. Die von Körbel genauso wie die der Eintracht. In beiden Datenblättern steht unter Deutsche Meisterschaften zu Bundesliga-Zeiten eine Null.

»OB SPORT WIRKLICH MORD IST, HÄNGT NICHT DAVON AB, WELCHEN MAN BETREIBT, SONDERN MIT WEM MAN IHN BETREIBT«
(GÜNTER NETZER)

GEFÄHRLICH. Timo Konietzka stürmte für Borussia Dortmund und den TSV 1860 München, schoss das erste Bundesliga-Tor.

TIMO KONIETZKA

Tätlichkeit gegen den Schiri mit Rekordsperre

Er hat das erste Tor der Bundesliga-Geschichte erzielt. Ihm gelangen 72 Treffer in 100 Bundesliga-Spielen. Er war ein Vorzeigestürmer. Und er sorgte für den größten Skandal der Saison 1966/67.

Friedhelm (»Timo«) Konietzka traf mit 1860 München auf seinen Exverein, die Dortmunder Borussia. Es stand 1:1, als der Dortmunder Siggi Held den Ball mit der Hand ins Tor beförderte. Schiedsrichter Max Spindler erkannte den Treffer an und sorgte so für Tumulte auf dem Rasen und auf den Rängen. Mittendrin: Timo Konietzka. Im Spielbericht wurde Folgendes notiert: Stoß gegen die Brust, Tritt vor das Schienbein, Wegschlagen der Trillerpfeife. Diese Tätlichkeit gegen den Schiedsrichter wurde elf Tage später vor dem DFB-Sportgericht verhandelt. Der Ausgang: mit sechs Monaten Sperre, das heißt 20 Spielen Zuschauen, die höchste Strafe, die jemals nach einem Platzverweis gegen einen Bundesliga-Spieler verhängt wurde. Alle Einsprüche und Berufungsverhandlungen nutzten nichts. Der DFB blieb hart und der Stürmer gesperrt.

Konietzka bestritt an jenem 8. Oktober 1966 sein letztes Bundesliga-Spiel. Entnervt wechselte er trotz Angeboten von Inter Mailand und Real Madrid in die Schweiz, wo er seine Spielerkarriere beim B-Ligisten FC Winterthur und beim FC Zürich ausklingen ließ.

»WO ISCH MEI KANON ...?«
(FRITZ WALTER)

ERWIN KOSTEDDE
Neun Monate unschuldig im Knast

Raubüberfall auf die Spielhalle »Joy« in Coesfeld. Die Beute: 160 Mark. Ein Zeuge will den Täter erkannt haben, gibt der Polizei den Hinweis: »Es war Erwin Kostedde.« Der Stürmerstar, der sieben Jahre zuvor seine Karriere beim VfL Osnabrück beendet hatte, wurde an seinem Wohnsitz im Münsterland festgenommen.

Die Motive schienen eindeutig: Anlageberater hatten den Mittelstürmer, der in der Bundesliga unter

KOPFBALLSTARK. Erwin Kostedde stürmte für Kickers Offenbach und bis in die Nationalmannschaft.

anderem für den MSV Duisburg, Kickers Offenbach, Hertha BSC und Borussia Dortmund am Ball war, mit Bauherrenmodellen und Investitionen in Scheinfirmen geprellt. Angeblich um bis zu eine Million Mark. Seine Villa mit Schwimmbad in Bad Oeynhausen war schon 1988 unter den Hammer gekommen. Die Verbindlichkeiten des ersten farbigen Spielers in der deutschen Nationalmannschaft beliefen sich noch immer auf 300.000 Mark. Kostedde versuchte sich als Sportartikelvertreter, außerdem als Trainer in der Kreisliga – für ein lächerliches Monatsgehalt von 350 Mark. Der Sohn eines afroamerikanischen GI und einer Deutschen war schlicht pleite.

Nach der Festnahme im August 1990 wanderte Kostedde in U-Haft. Mit Standard Lüttich war er dreimal belgischer Meister geworden, 1974 schoss er das Tor des Jahres, ist bis heute Bundesliga-Rekordschütze der Offenbacher und verhalf Werder Bremen noch im Alter von 36 Jahren mit 29 Toren zum Wiederaufstieg in die Bundesliga. Und nun ein Überfall für 160 Mark??

Neun Monate saß Kostedde im Knast. Die U-Haft wurde für ihn zum Albtraum. Von dort wurde er sogar ins Landeskrankenhaus Münster eingewiesen. »Ich fühlte mich lebendig begraben«, so der einstige Bundesliga-Held. Am 3. Juni 1991 kam es zum Prozess – in dem er von der 3. Strafkammer des Landgerichts Münster freigesprochen wurde. Kostedde erhielt 3.000 Mark Haftentschädigung. Seine finanziellen Sorgen war er damit nicht los, wenigstens seine Unschuld aber hatte er beweisen können.

VISIONÄR. Franz Kremer gründete den 1. FC Köln und formte den FC zu einer Meistermannschaft.

FRANZ KREMER

Der Gründervater der Bundesliga

Es braucht Visionäre, damit Großes entstehen kann.

Franz Kremer war solch ein Visionär. Der erste Präsident des 1. FC Köln gilt als Gründervater der Bundesliga.

Er war 1949 zum Vorsitzenden der »IG Bundesliga« gewählt worden. Während in England schon seit 1888 unter Profibedingungen gespielt wurde, lehnte der DFB-Bundestag noch 1958 die Einführung einer eingleisigen höchsten deutschen Spielklasse ab. Erst nach dem Scheitern der Nationalmannschaft bei der WM 1962 wurde das Thema wieder aufgegriffen. Am 28. Juli 1962, also nur wenige Wochen nach dem Turnier in Chile, hatte der Antrag endlich Erfolg: Im Goldsaal der Dortmunder Westfalenhalle stimmten die Delegierten der einzelnen Landesverbände mit 103:26 für die Einführung der Bundesliga zur Saison 1963/64.

Franz Kremer, von allen nur ehrfürchtig »der Boss« genannt, hatte als früherer Vorsitzender des Kölner BC von 1901 bereits durch eine Fusion mit der Spielvereinigung Sülz 07 die Gründung des 1. FC Köln erreicht. Das war 1948. Schon damals warb er mit dem Spruch »Wollen Sie mit mir Deutscher Meister werden?«. Wegen seiner modernen Managementmethoden galt Kremer als Fußball-Vordenker. Er führte bei seinem Klub professionelle Strukturen ein, wegen seiner Denkschriften über die Weiterentwicklung des Fußballs kamen damals sogar Funktionäre des heute übermächtigen FC Bayern München von der Isar an den Rhein, um beim Kölner Vereinschef Anschauungsunterricht zu nehmen, sich das Trainingsgelände und das Geißbockheim anzusehen. Wenn Kremer an seiner Zigarre zog, um dann mit leiser, aber durchdringender Stimme zur Rede anzusetzen, herrschte Ruhe unter den Gesprächsteilnehmern. Mit seinen Methoden machte er den FC in den 1960er Jahren zu Deutschlands Nummer eins; 1962 holte Köln den Titel, genauso wie 1964, am Ende der ersten Bundesliga-Saison. Franz Kremer hatte sein Ziel erreicht.

Ihm zu Ehren wurde die innerhalb des vereinseigenen Sportgeländes gelegene Fußballarena »Franz-Kremer-Stadion« getauft. Aus Anlass seines 100. Geburtstags erhielt außerdem die bisher auf Cluballee lautende Straße zum Geißbockheim den Namen Franz-Kremer-Allee. Kremer starb 1967 an einer Lungenembolie. Die letzte Nachricht, die er erhielt: Sein FC Köln hatte gerade sein Bundesliga-Spiel bei Eintracht Frankfurt mit 2:1 gewonnen.

»DER DEUTSCHE FUSSBALL WIRD AUF JAHRE HINAUS UNSCHLAGBAR SEIN.« (FRANZ BECKENBAUER, 1990, NACH DEM GEWINN DER WM)

DR. PETER KROHN

Der erste Marketingguru

Sein Vater stand in der HSV-Mannschaft, die 1922 die Deutsche Meisterschaft errungen hatte. So weit die Einführung. Denn wer heute an Dr. Peter Krohn denkt, spricht nicht zuerst von Fußball, sondern von Marketing.

Von 1973 bis 1975 war er HSV-Präsident. Weil es sich dabei aber um ein Ehrenamt handelte, ließ er sich 1975 als Manager einstellen. Da hatte er die 3,4 Millionen Mark Schulden, die er bei seinem

SINNBILD. Das Mannschaftsfoto des HSV 1976 zeigt Dr. Peter Krohn (links), Trainer Kuno Klötzer (rechts) und die rosafarbenen Trikots.

Amtsantritt vorgefunden hatte, bereits getilgt. Er war es, der für den HSV die Trikotwerbung erfand und mit »Campari« einen Sponsorenvertrag abschloss – nach Braunschweig als zweiter Bundesligist. Er ließ Showtrainings abhalten und engagierte dafür eine Blaskapelle oder Mike Krüger als Linienrichter. Bis zu 20.000 Zuschauer säumten bei solchen Gelegenheiten die Ränge am alten Rothenbaum. Krohn ließ bei einer Modenschau über die Trikotfarbe des HSV abstimmen: Um mehr weibliche Fans ins Stadion zu locken, entschied sich die Jury für Rosa. Er erfand den Supercup und holte dafür Anfang 1977 Meister Mönchengladbach zum Pokalsieger HSV in die Hansestadt. Weil er Freundschaftsspiele langweilig fand, führte er den Hafencup ein, verpflichtete Liverpool und Barcelona und holte von den Einnahmen Superstar Kevin Keegan.

Dr. Peter Krohn gilt als Erfinder des modernen Fußballmarketings in Deutschland, auch wenn seine Methoden zu seiner Zeit belächelt und heftig kritisiert wurden. Aber er führte den HSV auch sportlich nach oben. In seine Amtszeit fallen der DFB-Pokalsieg 1976 und der Gewinn des Europapokals der Pokalsieger 1977. Krohn heute: »Ich bin vor rund 40 Jahren belächelt worden für meine Prognose, dass der Fußball ein großes Showbusiness wird. Mit der Prognose habe ich recht behalten.«

»SEIT ES DIESE BUNTEN SCHUHE GIBT – GOLD, ORANGE, SILBER – DENKEN FUSSBALLER, SIE LAUFEN GANZ VON ALLEINE WIE DER KLEINE MUCK..« (EDUARD GEYER)

68

HELMUT »FIFFI« KRONSBEIN

Nach dem Tod seiner Frau vor Gericht

Helmut »Fiffi« Kronsbein war ein Meistertrainer. Sensationell hatte er 1954 mit Hannover 96 den Titel geholt. Seine Mannschaft besiegte im Finale den haushohen Favoriten 1. FC Kaiserslautern mit den späteren Weltmeistern um Fritz Walter 5:1. Später brachte der für seine nicht selten autoritären Methoden bekannte Trainer erst Hannover (1964), dann Hertha BSC (1968) in die Bundesliga und erreichte mit den Berlinern 1970 und 1971 überraschend Platz drei.

Mitte der 1980er stand er dann jedoch vor der großen Strafkammer des Landgerichts Hannover. Die Anklage: Körperverletzung mit Todesfolge. Kronsbein soll den Tod seiner Frau Gerda verursacht haben. Sie wurde am 1. Juli 1979 tot in der Badewanne gefunden. Neben ihr lag ein Fön.

»Ich bleibe bei meiner Darstellung, die ich von Anfang an gegeben habe«, so Kronsbein vor Gericht. Er habe an jenem Morgen die verschlossene Badezimmertür aufgebrochen und seine Frau regungslos in der Badewanne vorgefunden. In der Wohnung sei ihm außerdem ein Zettel in die Hände gefallen, auf dem »Ich nehme mir das Leben« gestanden haben soll.

PENDLER. Helmut »Fiffi« Kronsbein war in Hannover und Berlin zu Hause. Hier steht der Meistertrainer vor dem Hauptbahnhof in Hannover.

Die junge Ärztin, die den Totenschein ausgestellt hatte, schrieb von einer »Stromleiche«. Aber es wurden bei Kronsbeins toter Frau Hämatome festgestellt, schnell tauchten weitere Fragen zum Verlauf der Ereignisse auf, während Zeugen von einer zerrütteten Ehe sprachen. Daher wurde Kronsbein dreieinhalb Jahre nach dem Tod seiner Frau erst zum Beschuldigten, fünf Jahre danach zum Angeklagten. Wichtige Zeugen waren jedoch inzwischen verstorben, die Leiche längst eingeäschert. Zwei Monate dauerte die Verhandlung, 42 Zeugen wurden geladen, Gutachter befragt – und Kronsbein überraschend am Ende freigesprochen.

Seine Trainerkarriere hatte schon 1980 geendet. Nun fristete Kronsbein noch einige Jahre als Fußballrentner, bevor er am 27. März 1991 das Zeitliche segnete.

MICHAEL KUTZOP
Ein Elfmeter kostete den Titel

Rudi Völler ist bis heute einer der besten Freunde von Michael Kutzop. Damals, 1986, nahm er ihn tröstend in den Arm und sprach aus, worüber wir heute schreiben: »Weißt du, dass du heute Bundesliga-Geschichte geschrieben hast? Wäre der Elfer drin gewesen, würde bald keiner mehr über dich reden. Aber weil du ihn verschossen hast, wird man sich ewig an dich erinnern.«

Es war ein schwacher Trost an jenem Abend des 22. April. Michael Kutzop hatte soeben Werder Bremen die Meisterschaft vermasselt. Eigentlich hätte es der erste Titel nach 21 Jahren werden sollen. Alles war an diesem 33. Spieltag der Saison 1985/86 dafür angerichtet. Werder, der Dauervizemeister der letzten Jahre, lag zwei Punkte vor den Bayern. Ein Sieg im direkten Duell mit den Münchnern hätte die Bremer zum Meister gemacht.

Es läuft die 88. Minute und noch immer steht es 0:0. Da dribbelt der eingewechselte Stürmerstar Rudi Völler in den Strafraum, will den Ball an Bayerns Søren Lerby vorbeilupfen. Aber das Leder springt dem Dänen an den Arm. »Hand, Hand, Hand«, schreit es aus zigtausend Bremer Kehlen und auch aus der von Rudi Völler. Schiedsrichter Volker Roth schaut zu seinem Assistenten und zeigt dann auf den Punkt – Elfmeter.

Die Stadionuhr zeigt 21.43 Uhr. Nur noch zwei Minuten bis Spielende.

Ganz Bremen ist nun vom Titelgewinn überzeugt. Was soll schon passieren bei diesem sichersten aller sicheren Elfmeterschützen? Denn die Quote von Michael Kutzop ist eine der besten überhaupt. Allein 22 hat er für Kickers Offenbach verwandelt, zahlreiche weitere in der Bundesliga für Bremen, davon acht in der Saison 1985/86. Und noch nie hat er verschossen …

Michael Kutzop geht ein paar Schritte zurück, läuft an, stoppt ab, schießt – während Münchens Torhüter Jean-Marie Pfaff sich nach links bewegt – mit rechts … und trifft den Pfosten. Statt Meisterjubel nur blankes Entsetzen und Totenstille. Der Schütze schleicht nach dem Abpfiff durch einen Hinterausgang aus dem Weserstadion, steht allein an der Weser. Kutzop: »Ein Mädel von SAT.1 brachte zwei Bier zum Trost. Die haben wir getrunken und geschwiegen.« Gemeinsam mit Völler und zwei Physiotherapeuten fahren sie in sein Haus nach Oyten und machen die Nacht zum Tag. Irgendwann gegen fünf

FAHRKARTE. Michael Kutzop verlädt Pfaff, schießt den Elfmeter aber an den Pfosten. Es war die vergebene Meisterentscheidung 1986.

sagt Völler zu ihm: »Micha, davon reden die Leute noch in zehn, zwanzig Jahren. Dein Name wird für immer verbunden bleiben mit dieser Fahrkarte.«

Es war tatsächlich der Fehlschuss, der Bremen die Meisterschaft kosten sollte. Werder verlor am letzten Spieltag mit 1:2 in Stuttgart. Die Bayern aber siegten 6:0 über Borussia Mönchengladbach – und feierten einen Titelgewinn, mit dem keiner mehr gerechnet hatte.

»HASTE SCHEISSE AM FUSS, HASTE SCHEISSE AM FUSS.« (ANDREAS BREHME)

UDO LATTEK

Ein blauer Pullover als Talisman

Der Star der Saison 1987/88 saß auf der Tribüne. Udo Lattek, als Meistertrainer des FC Bayern zum 1. FC Köln gewechselt, rückte in den Mittelpunkt. Aus mehreren Gründen: zum einen, weil der erfolgreichste deutsche Trainer nach drei Meistertiteln in Folge (1985, 86, 87) überraschend seinen Abschied von der Isar und vom Trainerdasein verkündet hatte; zum anderen, weil er an der Seite des jungen Coachs Christoph Daum aus dem 1. FC Köln einen ernsten Bayern-Rivalen geformt hatte. Zum dritten, weil ein blauer Pullover 15 Spieltage lang die Liga in Atem hielt.

»Es fing ganz banal an«, erzählte Udo Lattek, »alles begann in Karlsruhe.« Trotz sommerlicher Hitze mitten im August trug der Sportdirektor am ersten Spieltag einen blauen Pullover und wurde nach dem 1:1 gefragt, ob das nun der neue Glücksbringer des FC sei. Latteks spontane Antwort: »Den ziehe ich erst wieder aus, wenn wir ein Spiel verlieren.«

Fortan rockte ein Kleidungsstück, 89 Mark teuer und von Latteks persönlichem Ausstatter zur Verfügung gestellt, die Liga. Ein ganz banaler Strickpulli wurde zum Medienereignis. Gerüchte, der Pullover werde nie gewaschen, wurden ebenso kolportiert wie die Geschichte, Lattek schließe das gute Stück aus Angst vor Dieben zwischen den Spielen im Tresor ein. Kein Interview, kein TV-Auftritt und kein Spiel ohne diesen blauen Pullover – 15 Wochen lang. In dieser Zeit blieb der 1. FC Köln ungeschlagen und kletterte bis auf Platz zwei der Tabelle. Erst am 7. November 1987 war der Spuk zu Ende. Köln verlor bei Tabellenführer Werder Bremen 1:2, der Pullover hatte seinen Zauber verloren.

»WENN DER FRÜHER AUF DIE STRASSE GESCHISSEN HÄTTE, HÄTTEN DIE LEUTE GESAGT: SCHAUT MAL, WIE SCHÖN DER GESCHISSEN HAT. DAS QUALMT SOGAR NOCH. UND WARUM: WEIL ER SO GROSSEN ERFOLG HATTE.« (REINER CALMUND ÜBER UDO LATTEK)

Doch die Magie des blauen Talismans war noch nicht ganz dahin, entfaltete beim Kölner Sportpressefest im Winter 1987 erneut ihre Wirkung. Denn dort wurde der ominöse Glücksbringer meistbietend und zugunsten der Kinderkrebshilfe versteigert. Die Gebote überschlugen sich. Am Ende erhielt das Kölner Unternehmen »4711« für sensationelle 36.000 Mark den Zuschlag.

DER TALISMAN. Udo Lattek hält den blauen Pullover, der Köln so viel Glück brachte. Rechts: Moderator Günter-Peter Ploog bei der Versteigerung.

DER »ÜBELTÄTER«. Herbert Laumen mit dem Foto, das den Torpfostenbruch zeigt.

HERBERT LAUMEN

»Ich bin schuld, dass es jetzt Alutore gibt«

Das Foto gehört zu den historischen Schätzen der Bundesliga. Da hängt Herbert Laumen, der Gladbacher Stürmer, im Netz. Er war es, der das morsche Gebälk ins Wanken brachte und für den Gladbacher Torpfostenbruch sorgte.

Es ist der 3. April 1971 und der Tag, der Borussia Mönchengladbach fast die Meisterschaft kostet. 1:1 steht es nach 87 Minuten im Heimspiel am berühmten Gladbacher Bökelberg gegen Werder Bremen. Da segelt eine Flanke von Günter Netzer in den Strafraum. Werder-Torwart Günter Bernard fängt den Ball ab. Laumen ist in der Luft, hat so viel Tempo drauf, dass er am Ball vorbei und mit Schwung ins Tor fliegt. Er will sich im Netz festhalten, als der Pfosten knarrt und knirscht und wie in Zeitlupe aus der Betoneinlassung bricht. Der Balken senkt sich auf Laumen, der im Netz gefangen bleibt.

Gladbachs Verantwortliche versuchen alles, um das Gebälk zu reparieren. Die Mannschaft will weiterspielen, will den Sieg. Aber es hilft alles nichts, das Spiel wird abgebrochen. Später kommt es zu einer Verhandlung vor dem DFB-Sportgericht, das die Partie als Niederlage für die Borussia wertet: 0:2 Punkte, 0:2 Tore. Herbert Laumen erinnert sich: »Wir alle rechneten mit einem Wiederholungsspiel. Natürlich waren wir sauer, als wir plötzlich als Verlierer dastanden. Aber die Regel besagt, dass Ersatztore binnen 20 Minuten beigeschafft werden müssen. Ein Hohn, denn die Holzpfosten waren ja einbetoniert.«

Gladbach verlor durch das Gerichtsurteil die Tabellenführung, wurde am letzten Spieltag durch einen 4:1-Sieg in Frankfurt dennoch Meister vor Bayern München. Als Konsequenz aus den Ereignissen am Bökelberg wurden allerdings die Holztore abgeschafft. Laumen schmunzelnd: »Ja, ich bin schuld, dass es nur noch Alutore gibt.« Der Stürmer, der in der Bundesliga insgesamt 97 Tore für die Borussia erzielte, profitierte später sogar noch von seinem spektakulären Missgeschick. Er wurde Repräsentant einer Firma für transportable Fußballtore, die die Bundesliga und die halbe 2. Bundesliga belieferte. Ein Teil des gebrochenen Pfostens, mit Unterschriften vieler Spieler versehen, liegt heute im Borussia-Museum. Auch das ist ein Stück Gladbacher Fußballgeschichte.

> »IM TRAINING HABE ICH MAL DIE ALKOHOLIKER MEINER MANNSCHAFT GEGEN DIE ANTIALKOHOLIKER SPIELEN LASSEN. DIE ALKOHOLIKER GEWANNEN 7:1. DA WAR'S MIR WURSCHT. DA HAB I G'SAGT: SAUFT'S WEITER.« (MAX MERKEL)

ULRIK LE FEVRE
Das erste Tor des Jahres

Gladbach spielte in jener Zeit Traumfußball. Was Günter Netzer, Jupp Heynckes, Berti Vogts und all die anderen unter Trainer Hennes Weisweiler zelebrierten, war das Maß aller Dinge. Schön und erfolgreich. Höhepunkt der Gladbacher Herrlichkeit sind die Tage vom 20. bis 23. Oktober 1971. Am Mittwoch das unvergessene 7:1 gegen Inter Mailand, am Samstag das ebenso glanzvolle 7:0 über den Bis-dato-Tabellenführer Schalke 04. Und mittendrin der Däne Ulrik

le Fevre, der Mittwoch wie Samstag jeweils mit zwei Toren glänzt.

Eines ist besonders schön. Mit dem Rücken zum Tor nimmt er im Spiel gegen die Gelsenkirchener den Ball an, fünf Meter vor der Torauslinie. Le Fevre jongliert mit der Kugel Richtung Elfmeterpunkt, hebt sie über den ersten, dann den zweiten Schalker Gegenspieler. Anschließend ein trockener Volley-Drehschuss, der in der 52. Minute zum 6:0 gegen verdutzte Schalker in die Maschen tropft. »Es lief alles instinktiv ab, alles ging wahnsinnig schnell. (…) Es dauerte nur wenige Sekunden und ich hatte natürlich das Glück, dass es hundertprozentig geklappt hat«, erzählte le Fevre später.

Das Tor des Gladbachers nimmt heute in den Fußballchroniken einen wichtigeren Platz ein als das 7:0 gegen die Schalker. Im März 1971 hatte die ARD-Sportschau einen neuen Wettbewerb eingeführt und erstmals einen von fünf Treffern zum Tor des Monats wählen lassen. Erster Preisträger war Gerhard Faltermeier vom SSV Jahn Regensburg, dessen 20-Meter-Freistoß gegen den VfR Mannheim in der Regionalliga Süd so stramm geschossen war, dass der Ball im Netz hängen blieb. Etwas mehr als ein halbes Jahr später war dann le Fevres Treffer an der Reihe: Sein Treffer wurde »Tor des Monats« Oktober. Doch damit nicht genug der Ehren: Der Kunstschuss des dänischen Stürmers wurde auch zum Tor des Jahres 1971 gewählt – und erhielt damit zum ersten Mal überhaupt diese Auszeichnung.

FLINKER DÄNE. Ulrik Le Fevre – hier in einem Spiel gegen Hannover 96 – glänzte in der Gladbacher »Fohlenelf« und erzielte das erste Tor des Jahres.

JENS LEHMANN
Das Torwarttor im Revierderby

Derbys sind immer etwas Spezielles. Auf der ganzen Welt ist das so. Im Revier aber ist es spezieller als speziell.

Dortmund gegen Schalke: Hier hat ein Torwart Fußballgeschichte geschrieben. Es war Jens Lehmann, damals bei den Gelsenkirchenern, später beim BVB. Es ist kurz vor Weihnachten, ein kalter Tag, ein Freitagabendspiel. Der amtierende Weltpokal-Sieger Borussia Dortmund erwartet an diesem 19. Dezember 1997 den amtierenden UEFA-Cup-Sieger Schalke 04. Das Revier ist Europas Fußballmachtzentrale. Es ist der Tag, an dem der BVB seinen 88. Geburtstag feiert. Und es ist der Tag, als Jens Lehmann Bundesliga-Tor Nummer 33.334 erzielt. Es läuft die 93. Minute, die Nachspielzeit. Dortmund führt durch Tore von But und Möller mit 2:1. Da gibt es noch einmal einen Eckball für Schalke, die letzte Chance auf den Ausgleich. Die Schalke-Fans singen: »Lehmann in den Sturm.« Lehmann: »Unsere Fans kannten das schon. Es war nicht das erste Mal, dass ich mit in den Angriff aufgerückt bin.« Olaf Thon legt sich den Ball zurecht, tritt die Ecke Richtung Fünfmeterraum. Dort steht Thomas Linke, verlängert das Leder. Und hinten, ganz hinten, lauert Jens Lehmann. Ein, zwei große Schritte, dann kommt er mit seinem gelockten Haupt an den Ball, wuchtet die Kugel vorbei an Stefan Klos ins Netz. Und Hörfunkreporter Manfred Breuckmann überschlägt sich: »Ich fasse es nicht, Lehmann per Kopf, es ist nicht möglich.«

Doch, es war möglich. Lehmann war wirklich der Ausgleich zum 2:2 gelungen. Der kleine Olaf Thon sprang Jens Lehmann in den Arm. Das Foto vom

kleinen Olaf und vom großen Jens werden sie sich später gegenseitig signieren. Als Dokument der außergewöhnlichen Derbyszene erhält es einen Ehrenplatz. Thon: »Es hängt bis heute über meinem Schreibtisch.«

TORWARTJUBEL. Der kleine Olaf Thon und der größte Jens Lehmann feiern das Torwarttor im Revierderby gegen Dortmund. Es war Schalkes 2:2 in letzter Sekunde.

ARIE VAN LENT

Hattrick in geliehenen Schuhen

Es gibt Geschichten, die gibt es gar nicht. Ein Kapitel schrieb Arie van Lent, der im niederländischen Opheusden geborene Angreifer. Nach zwei Jahren 2. Bundesliga und einem halben Jahr Bundesliga waren seine Fußballschuhe aus feinstem Känguru-

gegen den 1. FC Köln in der Saison 2001/02 wurde van Lent plötzlich ein Paket zugestellt. Darin die alten Fußballstiefel der Marke Reebok. Van Lent erinnert sich: »Es lag ein Brief dabei vom stolzen Besitzer, der mir schrieb, dass er mir die Schuhe bis Saisonende ausleiht und mir viel Glück wünscht.« Der damals 31-jährige Mittelstürmer zog die alten, beschädigten Stiefel der Größe 42 im Derby wirklich wieder an – und erzielte mit ihnen den ersten Hat-

ABSCHIED. Max Eberl und Uwe Kamps tragen Arie van Lent auf ihren Schultern.

leder einfach hinüber. 37 Tore hatte er damit erzielt. Aber nun waren die Spitzen auf beiden Seiten eingerissen, die rechte Fersenkappe deformiert. Arie van Lent stellte die ausrangierten Treter seinem Verein, der zwischen 1999 und 2004 Borussia Mönchengladbach hieß, für die Weihnachtstombola zur Verfügung. Der stolze Erlös von 855 Mark ging als Spende an ein Heim für asthmakranke Kinder.

Aber mit den ramponierten Latschen hatte van Lent auch seine Treffsicherheit weggegeben. Anschließend blieb er 103 Tage ohne Torerfolg am heimischen Bökelberg, die Borussia sogar 191 Tage ohne Heimsieg. Vor dem prestigeträchtigen Rheinderby

trick seiner Bundesliga-Karriere. Binnen 14 Minuten schoss er die Tore zum 2:0, 3:0 und 4:0 gegen den 1. FC Köln. Ein Sieg, der dazu beitrug, dass die Borussia am Ende der Spielzeit den Klassenerhalt schaffte. Van Lent trug die kaputten Schuhe bis zum letzten Spieltag der Saison. Anschließend übergab er sie Gladbachs Archivar für das Borussia-Museum.

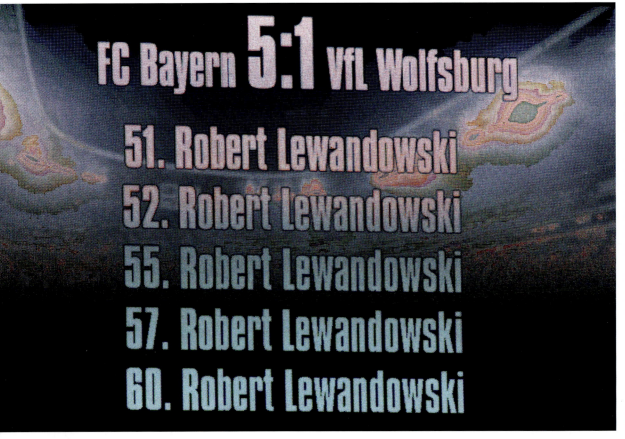

ROBERT

EWANDOWSKI

Fünf Tore fürs Guinnessbuch

Es war ein Abend, der so leicht nicht wieder in Vergessenheit gerät.

Bayern gegen Wolfsburg, Meister gegen Pokalsieger. Bei Halbzeit führen die VW-Städter in München mit 1:0. Aber nach der Pause wechselt Münchens Trainer Pep Guardiola an jenem 22. September 2015 Robert Lewandowski ein. Und es beginnt eine Torgala, wie sie die Fußballwelt noch nicht gesehen hat.

– Lewandowski gelingt der schnellste Hattrick der Bundesliga-Geschichte. Für seine drei Tore braucht er 3:22 Minuten. Der bisherige Rekordhalter Michael Tönnies hatte dafür fünf Minuten benötigt.

– Vier Tore hat Lewandowski nach 5:42 Minuten erzielt. Auch das ist Rekord. Martin Petrow war das nach 17 Minuten geglückt.

– Damit nicht genug. Nach 8:59 Minuten hat der polnische Mittelstürmer in Diensten der Bayern gar fünf Treffer erzielt und damit die Bestmarke von Dieter Hoeneß pulverisiert, der dafür 21 Minuten gebraucht hatte.

Fünf Tore zwischen der 51. und 60. Minute, aus einem 0:1 wurde ein 5:1. Es war der erste Fünferpack seit 24 Jahren in der Bundesliga, der gleich mit vier Einträgen ins Guinnessbuch der Rekorde bedacht wurde. »Das war ein historischer Abend für mich«, sagte der Pole, der versprach, dass die Urkunden bei ihm einen Ehrenplatz erhalten würden.

HIER STEHT'S. Die Anzeigetafel in der Münchner Allianz-Arena nach der Torgala binnen neun Minuten.

DANKE. Robert Lewandowski strahlt über das ganze Gesicht und bedankt sich für die Unterstützung von den Rängen.

»SOLANGE BESSER MÖGLICH IST, IST GUT NICHT GENUG.« (DETTMAR CRAMER)

EWALD

IENEN

Ein aufgeschlitzter Oberschenkel schockt Fußball-Deutschland

Es war die vielleicht spektakulärste Verletzung der Bundesliga-Geschichte. Nie zuvor und nie danach flimmerten TV-Bilder einer offengelegten Muskelhülle in die Wohnzimmer.

Es ist der zweite Spieltag, die Saisonpremiere 1981/82 für Werder Bremen im Weserstadion. Gerade läuft an jenem 14. August die 19. Spielminute. Ewald Lienen, Linksaußen der Bielefelder Arminia,

AUFSCHREI. Ewald Lienen liegt am Boden, der aufgeschlitzte Oberschenkel ist deutlich zu sehen.

setzt zu einem seiner spektakulären Sololäufe an. Als der Stürmer an seinem Gegenspieler Norbert Siegmann vorbeiwill, fährt ihm der Bremer Verteidiger in die Parade. Mit ausgestrecktem Bein und den scharfen Aluminiumstollen voraus trifft er den Angreifer an dessen rechtem Oberschenkel. Die Stollen wirken dabei wie scharfe Rasierklingen, bohren sich in das Fleisch Lienens und schlitzen seinen Oberschenkel auf einer Länge von 25 Zentimetern auf. So heftig und so tief, dass die weiße Muskelhülle sichtbar wird.

Lienen liegt auf dem Rasen, zuckt am ganzen Körper. Plötzlich bäumt er sich auf, springt hoch, läuft auf die Bremer Trainerbank zu. Krallt sich dort im Hemd von Otto Rehhagel fest, schüttelt den Werder-Trainer und schreit: »Du hast dem doch gesagt, dass er mich umtreten soll.« Dann bricht Lienen zusammen. Als er auf die Trage gehoben und abtransportiert wird, richtet er erneut Drohgebärden gegen Rehhagel und lässt somit ahnen, dass das Foul ein Nachspiel haben wird.

Lienen wird im Bremer Klinikum »Links der Weser« mit 23 Stichen genäht und schon zwei Tage später in ein Bielefelder Krankenhaus überführt. Dort macht er öffentlich, was es mit seinen Drohungen auf sich hatte. Lienen: »Ein paar Minuten vor diesem Foul habe ich deutlich gehört, wie Rehhagel seinen Verteidiger Siegmann aufforderte: ›Jetzt pack ihn dir endlich‹.«

Für Lienen ist klar: Rehhagel hatte damit seinen Abwehrspieler zum vorsätzlichen Foulspiel aufgefordert. Noch vom Krankenhaus aus beauftragte er Anwalt Dr. Rudolf Bruder mit der Wahrnehmung seiner Interessen. Während Schiedsrichter Medardus Luca das Foul nur mit Gelb geahndet hatte, wurde es nun zu einem Fall für die Justiz.

Die Bremer Staatsanwaltschaft lehnte das angestrengte Strafverfahren allerdings mit der Begründung ab, die Sportgerichtsbarkeit sei in solch einem Fall sachkundiger. Otto Rehhagel musste sich nun also vor dem DFB-Sportgericht verantworten – dort lautete das Urteil jedoch: Freispruch.

Das sportliche Nachspiel gab es in der Rückrunde. Alarmstufe Rot in Bielefeld. Ein 55-jähriger, durchaus seriös wirkender Mann, stürmte die Geschäftsstelle der Arminia mit den Worten: »So wahr ich lebe: Wenn ich den Siegmann im Stadion erwische, schlage ich ihn tot.« Rehhagel ließ Siegmann zu Hause und erhielt selbst Morddrohungen. Daher saß er mit Bleiweste auf der Bank, beschützt von Beamten eines polizeilichen Sondereinsatzkommandos. Werder siegte souverän mit 2:0 – das Spiel blieb äußerst fair. Vielleicht auch deshalb, weil Otto Rehhagel seine Spieler mit folgendem Satz aufs Feld geschickt hatte: »Entschuldigt euch bei euren Gegenspielern, selbst wenn ihr denen mal unabsichtlich auf die Füße tretet.«

»IM KÖLNER STADION IST IMMER SO EINE SUPERSTIMMUNG, DA STÖRT EIGENTLICH NUR DIE MANNSCHAFT.« (UDO LATTEK, 2010)

HERMANN LINDEMANN
Wie BVB-Stars ihren Trainer schockten

Hermann Lindemann war schon vor Bundesliga-Zeiten ein gefragter Trainer. Erfolge feierte der Hesse in den 1950er Jahren mit Fortuna Düsseldorf, Alemannia Aachen, dem Meidericher SV (später MSV Duisburg) oder Eintracht Braunschweig. In der Bundesliga trainierte er Borussia Dortmund. Bei den Schwarz-Gelben hatte er vom 21. März 1969 bis 30. Juni 1970 das Sagen.

MEISTERTRAINER. Hermann Lindemann als BVB-Trainer. Die Zuschauer sitzen noch bis an den Spielfeldrand.

Der BVB spielte in Hamburg und hatte wie immer ein Hotel in Bahnhofsnähe bezogen. Klaus Zaczyk, damals beim HSV unter Vertrag, kam am Vorabend des Bundesliga-Spiels vorbei und bot sich als »Fremdenführer« an. Er lud Ferdi Heidkamp, Reinhold Wosab und Jürgen Rynio zu einer Spritztour auf die Reeperbahn ein. Das Rotlichtviertel übte bekanntlich nicht nur wegen seiner Lichterketten magische Anziehungskräfte auf männliche Besucher der Hansestadt aus. Die Spieler nahmen ein paar Bier und fanden einen Laden, in dem sich jeder Gast seine »St. Pauli Nachrichten« mit eigener Schlagzeile drucken lassen konnte. Wie ein Blitz kam den vier Ausreißern die Idee: Sie gaben die Schlagzeile »Hermann Lindemann im Bordell verhaftet« in Auftrag.

Das frisch gedruckte Exemplar lag am nächsten Morgen fein säuberlich gefaltet auf dem Frühstückstisch des Trainers, der zu seinem Kaffee stets die Morgenpresse zu verschlingen pflegte. Die Spieler hielten sich dezent im Hintergrund, als Lindemann Platz nahm. Nach dem ersten Schluck Kaffee nahm er die Zeitung zur Hand und wurde schnell äußerst blass.

Seine nächsten Worte, die unvergessen bleiben sollten: »Herr Ober, ich brauche einen Rechtsanwalt.« Eine Stimme aus dem Hintergrund kommentierte derweil in ernstem Tonfall: »Im Westen gehen die Zeitungen weg wie warme Semmeln. Die haben schon welche nachbestellt.«

Herbert Lindemann ging der Geschichte von der hunderttausendfach verbreiteten Schlagzeile mit seinem Bordellbesuch auf den Leim, rief gar bei seiner Frau an, um nachzufragen, ob sie ein Exemplar der St. Pauli Nachrichten an ihrem Wohnort auftreiben könne. Schließlich befreiten Wosab und Heidkamp ihren Trainer, der verständlicherweise wenig amüsiert reagierte, von seinem Albtraum. Dass die Dortmunder ihr anschließendes Spiel beim HSV nach einer 3:1-Führung noch mit 3:4 vergeigten, trug auch nicht gerade zur Verbesserung der Stimmung auf der Heimfahrt nach Dortmund bei.

WILLI »ENTE« LIPPENS

Das Restaurant heißt »Ich danke Sie!«

»IM FUSSBALL BAUT MAN DIR SCHNELL EIN DENKMAL, ABER GENAUSO SCHNELL PINKELT MAN ES AN.« (HANS MEYER)

Der Dialog gehört zu den Fußballklassikern. Schiedsrichter zum Stürmer: »Herr Lippens, ich verwarne Ihnen.« Stürmer zum Mann in Schwarz: »Schiedsrichter, ich danke Sie.«

Die freche Antwort, im Jahr 1965 während der Regionalliga-Partie zwischen Rot-Weiss Essen und Westfalia Herne gegeben, hatte ungeahnte Folgen. Wegen respektlosen Verhaltens wurde Willi Lippens zunächst vom Mann in Schwarz des Feldes verwiesen und anschließend für zwei Wochen gesperrt. Auch wenn das Zwiegespräch nicht in der Bundesliga stattgefunden hat, so zählt der Essener Stürmer dennoch zu den echten Originalen in Deutschlands höchster Spielklasse.

HEREINSPAZIERT. Willi »Ente« Lippens vor seinem Restaurant mit dem Namen »Ich danke Sie!«.

Willi »Ente« Lippens, Stürmer mit holländischem Pass (Mutter deutsch, Vater Niederländer) ist noch heute mit 172 Spielen und 79 Toren in der Bundesliga Rekordspieler und -schütze von Rot-Weiss Essen, für das er von 1965 bis 1976 und von 1979 bis 1981 stürmte. Drei Jahre lang stand er bei Borussia Dortmund unter Vertrag (70 Spiele, 13 Tore).

Seinen Spitznamen »Ente« erhielt er wegen seines ungewöhnlichen, an den Watschelgang des Wasservogels erinnernden Laufstils. Lippens war auf und außerhalb des Platzes als Spaßmacher bekannt. So soll er Bayern-Torwart Sepp Maier vor einem Spiel aufgefordert haben, ihm während der Begegnung bei einem Abschlag den Ball direkt zuzuspielen; er, Lippens, wolle ihn auch direkt an Maier zurückpassen. Der selbst für fast jeden Spaß zu habende Bayern-Tormann ließ sich nicht darauf ein. Seinen kurzzeitigen Wechsel in die USA schließlich soll Lippens unter anderem damit begründet haben, er wolle dort »seinen Onkel Donald Duck« besuchen. Lange pflegte Lippens selbst den Kult um seinen legendären Spruch gegenüber dem Schiedsrichter: Nach seiner Karriere eröffnete er ein Restaurant, das er »Ich danke Sie!« taufte. Den Lippenshof am Rande von Bottrop betreibt inzwischen Sohn Michael. Im Sommer gehört ein Biergarten dazu, der den Namen »Entenstall« trägt.

PETER LUX
Erster Wessi im Osten

Der Mauerfall 1989: Peter und Anke Lux fuhren in der Nacht des 9. November vom heimischen Wolfenbüttel hinüber ins grenznahe Braunschweig, feierten mit Millionen Menschen das deutsch-deutsche Wiedersehen. Ein halbes Jahr später war der gestandene Bundesliga-Profi Peter Lux, der für Eintracht Braunschweig, den HSV und Waldhof Mannheim

FREMDGÄNGER. Peter Lux, hier im Trikot der Braunschweiger Eintracht, wechselte von West nach Ost und spielte für Dynamo Dresden.

227 Spiele bestritten hatte, vom »Wessi« zum »Ossi« mutiert. Während die Oststars Thom, Sammer, Doll und Kirsten von der DDR-Oberliga in die Bundesliga stürmten, ging Lux in die andere Richtung. Er wurde der erste Bundesliga-Profi im Osten.

Peter Lux heuerte 1990 beim Traditionsklub Dynamo Dresden an, dem achtmaligen Meister und siebenmaligen Pokalsieger der DDR, der in diesem Jahr erneut für den Europapokal qualifiziert war. Die sportliche Herausforderung lautete: Qualifikation für die Bundesliga. Dafür musste Dynamo in der Saison 1990/91 mindestens Zweiter der DDR-Oberliga werden – und um dieses Ziel zu erreichen, holten die Dresdner auch noch Sergio Allievi vom 1. FC Kaiserslautern. Aber Lux, der 1984 in der Olympiaelf gespielt, bei Franz Beckenbauers erstem Länderspiel sogar zum Aufgebot der Nationalmannschaft gehört hatte, war der Star. Dynamo schaffte schließlich Platz zwei – allerdings ohne Lux. Der bestritt nur fünf Spiele für seinen neuen Verein und heuerte schon im November 1990 wieder bei der Braunschweiger Eintracht an. Lux: »Nach einem halben Jahr bot mir Braunschweig einen neuen Vertrag an, da habe ich dann noch drei Jahre in der 2. Liga gespielt.« Der erste Versuch der Integration eines Westlers in einen namhaften Klub mit DDR-Vergangenheit war also nicht von Erfolg gekrönt.

> »WENN SCHON VIER LEUTE SO VIELE FEHLER MACHEN, IST ES VIELLEICHT RICHTIG, DASS MAN AUF EINE DREIERKETTE UMSTELLEN SOLLTE.« (RALF RANGNICK)

SEPP MAIER

Wie ein Weltmeister seinen Präsidenten zum Rücktritt zwang

Wilhelm Neudecker war nicht nur Bauunternehmer, sondern auch Baumeister. Er war der Architekt, der den Grundstein für den großen FC Bayern legte.

1962 wurde er zum Präsidenten gewählt. Und setzte in seiner Amtszeit, die bis März 1979 andauerte, Maßstäbe. Als Vorsitzender des DFB-Ligaausschusses waren sein Einfluss und seine Macht enorm, er bestimmte maßgeblich die Entwicklung des gesamten deutschen Profifußballs. Neudecker schaffte die Begrenzung der Ablösesummen ab und war es auch, der die ersten Millionensummen für die Senderechte von Bundesliga-Begegnungen mit den Fernsehanstalten aushandelte. Und er war es schließlich, der den FC Bayern zu Deutschlands Vorzeigeklub formte.

Mit ihm stieg Bayern in die Bundesliga auf, wurde Meister, Pokalsieger, Europapokal- und Weltpokal-Gewinner. Neudecker stellte mit Robert Schwan den ersten bezahlten Manager der Bundesliga-Geschichte ein, verdreifachte die Mitgliederzahl auf 8.000, steigerte den Jahresumsatz von einer auf über zwölf Millionen Mark, baute das Klubhaus an der Säbener Straße. Er setzte dabei auf die Macht des Geldes, akquirierte erste Sponsorenverträge und polterte schon einmal bei Halbzeit eines Europapokalspiels in die Kabine, um die Siegprämie auf damals unfassbare 30.000 Mark zu erhöhen. Mit Jahresgagen von bis zu einer halben Million Mark gelang es ihm, Weltstars wie Franz Beckenbauer, Sepp Maier oder Gerd

STARKES DUETT. Präsident Wilhelm Neudecker (links) mit Manager Robert Schwan.

Müller beim FC Bayern und damit in der Bundesliga zu halten. Wie Neudecker regierte, umschrieb Franz Beckenbauer einmal so: »Wir sind ein demokratisch geführter Verein. Was der Präsident sagt, wird gemacht.«

Neudecker war ein Patriarch der alten Schule. Und deshalb konnte er auch nicht akzeptieren, was im März 1979 passierte. Franz Beckenbauer und Gerd Müller spielten da schon in den USA, Sepp Maier hatte bei den Bayern das Kapitänsamt übernommen. Die Münchner hatten erst 0:4 gegen Bielefeld verloren und eine Woche später nur ein 0:0 in Braunschweig erreicht. Auf dem Rückflug von Hannover nach München teilte Neudecker seinem Kapitän mit, dass er Max Merkel als neuen Cheftrainer holen werde. Es folgte eine offene Konfrontation. Denn

Neudecker soll zuvor der Mannschaft das Versprechen gegeben haben, trotz der sportlichen Talfahrt an Interimstrainer Pal Csernai festzuhalten. Deshalb ließ Sepp Maier noch im Flugzeug die Mannschaft abstimmen, hatte in Paul Breitner einen wortgewaltigen Unterstützer und teilte dem Präsidenten das Ergebnis mit: einstimmiges Urteil gegen Merkel!

Solch einen Aufstand gegen die Vereinsführung hatte Wilhelm Neudecker in seiner Amtzeit noch nicht erlebt. Nach einer schlaflosen Nacht gab er tags darauf seinen Rücktritt bekannt. »Die Mannschaft hat sich gegen Merkel und damit auch gegen meine Person ausgesprochen. Der Vereinsführung auf diese Weise das Handeln einzuschränken kann von mir nicht geduldet werden.«

Die einst unumstrittene Führungsfigur hatte die neuen Zeichen der Zeit, die nun auch im Fußball auf Demokratie standen, nicht erkannt. Am 24. März 1979 endete so, wenig rühmlich, die Ära Wilhelm Neudecker. Was nichts daran ändert, dass sein Name bis heute eng mit dem Aufstieg des FC Bayern und des Bundesliga-Fußballs in den 1960ern und 70ern verbunden bleibt.

> »MODERN SPIELT, WER GEWINNT.«
> (OTTO REHHAGEL)

GÜNTER MAST
Die Geburtsstunde der Trikotwerbung

Manchmal muss einer den Mut haben, Pionier zu spielen und anfangs verrückt erscheinende Ideen auch in die Tat umzusetzen. »Günter Mast«, so sagt Paul Breitner noch heute, »Günter Mast war so ein Pionier.«

PIONIERGEIST. Günter Mast (rechts) zahlte dafür, dass das Jägermeister-Wappen das Braunschweiger Trikot zierte.

Rückblende ins Jahr 1967. Unter Präsident Ernst »Balduin« Fricke war die Braunschweiger Eintracht im Juni Deutscher Meister geworden, hatte mit Trainer Helmuth Johannsen die Etablierten hinter sich gelassen. Aber dem Vereinsvorstand war klar: Dem Klub aus der Stadt abseits der großen Zentren würde in der sich immer mehr professionalisierenden Bundesliga das Geld fehlen, um auf Dauer mit den Großstadtvereinen mithalten zu können.

Seine Sorgen klagte Fricke dem mit ihm befreundeten Geschäftsmann Günter Mast. Der Geschäftsführer der Mast-Jägermeister AG steckte schon damals 18 Prozent seines Werbeetats, rund fünf Millionen Mark, in den Sport. Die neue Idee des Marketingexperten: Das Vereinswappen mit dem Braunschweiger Löwen, das bisher auf der Brust der Bundesliga-Spieler prangte, sollte zur Rückrunde der Saison 1972/73 durch das 18 Zentimeter große Haupt eines Zwölfender-Hirschs, des Wahrzeichens für den Magenbitter »Jägermeister«, ersetzt werden.

Die Idee der Trikotwerbung war geboren.

Doch bevor der Hirsch am 24. März 1973 im Heimspiel gegen Schalke 04 erstmals die Eintracht-Trikots zieren durfte, wurden die Gerichte bemüht. Denn die Statuten des DFB untersagten Mannschaften aller Klassen Werbung auf ihrer Spielkleidung. Die Anwälte durchforsteten die Statuten der Eintracht und änderten die Vereinssatzung. Statt des Löwen wurde nun der Hirsch zum neuen Vereinswappen erkoren. Der DFB war zwar geschlagen, wollte aber nicht ganz kampflos das Feld räumen: Daher legte er neu fest, dass der Name des Vereins neben dem Hirschen auftauchen müsse und das Wappen nicht größer als 14 Zentimeter sein dürfe. Trotz dieser Auflagen war jedoch klar: PR-Mann Mast hatte sich durchgesetzt. Für 500.000 Mark, die er über fünf Jahre verteilt der Eintracht überwies, war es ihm gelungen, Aufmerksamkeit in fast allen deutschen Medien zu bekommen. Und an den Umsatzzahlen seines Likörs merkte er, wie die Werbemaßnahme auch finanziell fruchtete. »Er hat den Fußball als Werbeträger entdeckt«, lobt Uli Hoeneß noch heute – zu einer Zeit, da inzwischen jeder der 18 Bundesliga-Vereine Millioneneinnahmen mit dem Trikotsponsoring erwirtschaftet.

LOTHAR MATTHÄUS

Ein Tagebuch kostete ihn das Kapitänsamt

Lothar Matthäus war sehr häufig umstritten. Eigentlich während seiner gesamten Karriere. Und die war lang, sehr lang. 21 Jahre im Verein (Borussia Mönchengladbach, FC Bayern München, Inter Mailand, NY Metro Stars), 20 Jahre in der Nationalmannschaft, in der er in 150 Länderspielen die Knochen für Deutschland hinhielt. Matthäus ist Deutschlands Rekordnationalspieler und mit nahezu allen Lorbeeren ausgestattet, die ein Fußballer ernten kann: Weltmeister, Ehrenspielführer der Nationalmannschaft, Europameister, Fußballer des Jahres, Weltfußballer, UEFA-Cup-Sieger, Italienischer und mehrfacher Deutscher Meister.

»Lothar«, so sein Mentor Franz Beckenbauer, »ist eine grundehrliche Haut. Aber er macht viele Fehler und lässt kein Fettnäpfchen aus.« Für den 6. Juni 1997, einen neuerlichen öffentlichen Auftritt

PRÄSENTATION. Lothar Matthäus stellt sein Tagebuch vor – und verliert sein Kapitänsamt bei den Bayern.

von Matthäus, hatte der Kaiser ursprünglich seine Teilnahme zugesagt, war dann aber doch lieber auf Tauchstation gegangen. Denn es hatte zuvor einfach zu viel Wirbel gegeben.

Daher saß Lothar Matthäus mit Verlagsvertretern allein auf dem Podium im Restaurant »Andexer« hinter der Münchner Frauenkirche, um sein Buch zu präsentieren, sein »geheimes Tagebuch«, wie es seit Tagen als Vorabdruck in der Bild-Zeitung zu lesen war. Es gab Weißbier und Weißwürste und viele, viele Fragen. Denn das 256 Seiten dicke Buch hatte wegen der angeblichen Veröffentlichung von Bayern-Interna längst vor Erscheinen seine Mitspieler auf die Palme gebracht. Thomas Helmer, der sich gerade in Frankfurt mit der Nationalmannschaft auf das WM-Qualifikationsspiel gegen die Ukraine vorbereitete, meinte nur vielsagend: »Kranken muss man helfen.« Und Jürgen Klinsmann, ohnehin kein Matthäus-Freund, nutzte die öffentliche Bühne, um etwas bekannt zu machen, was nicht einmal im »geheimen Tagebuch« zu lesen war: Matthäus habe gewettet, dass er, Klinsmann, keine 15 Tore in dieser Saison erzielen werde. »Dass ein eigener Mitspieler 10.000 Mark gegen mich wettet, dazu fällt mir nichts mehr ein.« Klinsmann erreichte übrigens die 15-Tore-Marke. Daraufhin die Antwort von Matthäus: »Die erste Wette, die ich gerne verloren habe. Denn durch seine Tore sind wir Meister geworden. Das war meine Meister-Versicherung.«

Matthäus, der Bayern-Kapitän, gegen Klinsmann, den damaligen Spielführer der deutschen Nationalmannschaft. Die einen in Frankfurt, der andere in München. Tag für Tag neue Schlagzeilen, die es sogar bis in die Nachrichtensendungen der Öffentlich-Rechtlichen schafften. Dabei ging es längst nicht mehr um die schriftstellerischen Enthüllungen des Weltmeisters, die am Pranger standen. Das Tagebuch war für die Opposition gegen Matthäus willkommener Anlass, eine Generalabrechnung mit dem damaligen Kapitän der Bayern-Mannschaft zu beginnen.

Daher musste Matthäus an jenem 6. Juni, gleich nach der Buchpräsentation, an der Säbener Straße zum Rapport antreten. Im Präsidiumszimmer waren alle Entscheider vertreten: Präsident Beckenbauer, Vize Rummenigge, Vize Scherer, Manager Hoeneß. Das Ergebnis war keine Lösung, aber eine deutliche Geste: Matthäus wurde seines Kapitänsamts enthoben, Thomas Helmer zu seinem Nachfolger bestimmt.

Matthäus flüchtete in die Ferien, aber das Thema war damit noch nicht beendet. Hertha BSC buhlte um den Rekordspieler, Sparta Prag lockte mit einer Millionenofferte. Erst im fernen Hongkong wurde das Kapitel endgültig geschlossen. Da trafen sich der Ex-Kapitän und der Bayern-Präsident anlässlich eines Spiels einer Weltauswahl. Beckenbauer erklärte seinen Rekordspieler nach einem klärenden Gespräch unter vier Augen für unverkäuflich: »Du bleibst.« Und Matthäus' Versuche als Tagebuchschreiber fanden sogar ein Happy End auf der Bühne. Regisseur Oliver Held hatte das Buch des Fußballers als Vorlage für ein Theaterstück genommen, das am Stadttheater Basel aufgeführt wurde.

NORBERT MEIER

Berufsverbot nach Kopfstoß

Es war an einem kalten Dezember-Dienstag, als das Duell der Aufsteiger nachgeholt wurde. MSV Duisburg gegen 1. FC Köln in der Saison 2005/06, ein Abstiegsspiel, eine Partie mit einem Donnerhall. Die Szene, die am Nikolaustag 2005 für Aufsehen sorgte, wurde bei YouTube bereits über 650.000 Mal aufgerufen. Es war der Tag, als MSV-Trainer Norbert Meier per Kopfstoß eine Rote Karte provozierte.

Nach einem Zweikampf an der Außenlinie gerieten Kölns Spieler Albert Streit und Meier aneinander, stehen sich Kopf an Kopf und Auge in Auge gegenüber. Plötzlich fällt Meier um. Schiedsrichter Manuel Gräfe zeigt Streit Rot, verweist Meier auf die Tribüne. Erst die TV-Bilder zeigen, was wirklich geschah. Meier verpasste Streit einen Kopfstoß – und ließ sich anschließend bühnenreif fallen. Zunächst versuchte er sich noch herauszureden (»Ich habe keine Kopfnuss gemacht, ich bin gefallen«) – was wiederum Kölns Trainer Uwe Rapolder auf die Palme brachte: »Da macht sich ein Täter zum Opfer.«

Schon tags darauf zeigte sich Meier als reuiger Sünder: »Da habe ich einen Black-out gehabt.« Die Entschuldigung, auch bei Streit, folgte spontan. Dennoch hatte Meiers Verhalten gravierende Folgen: Er wurde vom DFB für drei Monate mit Berufsverbot belegt – und vom MSV gefeuert. Es war die bis dahin längste Sperre, die der Deutsche Fußball-Bund je gegen einen Trainer verhängt hatte.

92

KOPF AN KOPF. Duisburgs Trainer Norbert Meier mit dem Kölner Albert Streit. Und plötzlich fiel Meier um ...

»DIE SOLLEN RUHIG OBEN STEHEN BIS WEIHNACHTEN. ABER DER NIKOLAUS WAR NOCH NIE EIN OSTERHASE.« (ULI HOENESS)

RINUS MICHELS

Erster Trainer ohne Lizenz

Er hat Ajax Amsterdam groß gemacht. Mit seiner Philosophie von eiserner Disziplin und »Fußball total« formte er aus einem Absteiger den Europapokalsieger der Landesmeister. Er wechselte später zum FC Barcelona, machte die Niederlande 1974 zum Vizeweltmeister. Und kam 1980 in die Bundesliga.

Verpflichtet wurde er vom 1. FC Köln, der ihn zum bis dahin bestbezahlten Bundesliga-Trainer aller Zeiten machte. Aber es gab da ein Problem: Michels, Europas Supertrainer, hatte keine Trainerlizenz. Zumindest keine in Deutschland gültige. Dabei hatte er ausgerechnet Karl-Heinz Heddergott abgelöst, der an der Kölner Sporthochschule für die Schulung und Prüfung der Trainer im Namen des Deutschen Fußball-Bunds verantwortlich zeichnete.

Köln ließ sich von der harten DFB-Linie nicht beeindrucken, hielt an Michels fest. Schließlich hatte der Startrainer nicht nur Sportwissenschaften studiert, sondern sich zusätzlich zum Masseur und Kranken-

PROMINENZ. Trainer Rinus Michels mit seinen Neuerwerbungen Paul Steiner, Klaus Fischer und Klaus Allofs.

gymnasten ausbilden lassen. Und als der niederländische Fußballverband Anfang der 1960er Jahre erstmals eine Trainerausbildung anbot, hatte Michels auch die Fußballlehrerlizenz erworben. Aber zwischen dem DFB und dem Verband des Nachbarlands gab es keine Abkommen. Deshalb war Michels der erste Trainer ohne Lizenz in der Bundesliga.

Seiner weiteren Karriere tat das übrigens keinen Abbruch. Nachdem er 1984 wieder das Oranje-Team übernommen hatte, wurde er 1988 mit den Niederlanden Europameister. Anschließend kehrte er noch einmal in die Bundesliga zurück, als Trainer von Bayer Leverkusen. Einige Jahre nach Beendigung seiner Laufbahn wurde er 1999 von der FIFA zum »Trainer des Jahrhunderts« gekürt. Michels wurde 77 Jahre alt, bevor er im März 2005 nach einer Herzoperation verstarb.

> »DER PFOSTEN IST EIN FREUND DES TORWARTS, AUF DEN ER SICH NICHT VERLASSEN KANN.« (GÜNTER NETZER)

FRANK

Der legendäre Pfostenschuss von München

Frank Mill betreibt heute diverse Fußballschulen. Immer, wenn er selbst vor den Kids auf dem Platz steht, sagt er: »Ihr dürft alles fragen. Nur nicht nach dem Pfostenschuss von München.« Und dann, so ergänzt Mill, »mache ich ein gaaanz ernstes Gesicht.« Sein Missgeschick von München verfolgt ihn also bis heute. Obwohl die Kids an jenem 9. August 1986 noch nicht einmal auf der Welt waren, wissen sie auch so über die Panne Bescheid. Es gibt ja schließlich das Internet.

Es war Frank Mills erstes Spiel für Borussia Dortmund. Der BVB mit Präsident Gerd Niebaum hatte den Spieler von Borussia Mönchengladbach losgeeist. Mill, pfeilschnell, clever und dribbelstark, für den BVB in acht Jahren bei 187 Bundesliga-Einsätzen 47-facher Torschütze, läuft bei seiner Dortmund-Premiere alleine auf das Bayern-Tor zu, umkurvt Jean-Marie Pfaff, der weit aus seinem Kasten geeilt ist – und könnte nun in aller Seelenruhe den Ball ins leere Tore schieben. Tut er aber nicht. Mill: »Genau aus dem Grund, weil es mein erstes Spiel war, schossen mir tausend Gedanken durch den Kopf. Ich wollte es besonders schön machen.« Er erinnert sich an Pierre Littbarski, der in einer ähnlichen Situation den Ball zwischen die Beine geklemmt und über den Kopf gezirkelt hat. So etwas will Mill auch vorführen. Aber noch ehe er mit der Ausführung beginnen kann, sieht er aus dem Augenwinkel den heranstürzenden Pfaff. Jetzt also doch ohne weitere ballkünstlerische Ambitionen: schnell, schnell, bloß die Kugel ins Tor. Mill verfällt in Hektik, kommt ein wenig aus dem Tritt ... und der Ball geht an den Pfosten.

VERDRIBBELT. Frank Mill hat Jean-Marie Pfaff bereits umspielt, aber trifft nicht das leere Tor, sondern den Pfosten.

Der Stürmer: »Es war eine tausendprozentige Torchance.«

Immer und immer wieder wurde Mill danach mit dieser Szene konfrontiert, immer und immer wieder musste er erzählen, erklären, begründen. Ein halbes Jahr später holte ihn der Pfostenschuss sogar in den USA ein. Er war auf Urlaub in San Francisco, hatte einen Sportsender eingeschaltet und sah sich eine Abfolge der lustigsten Sportvideos an. Da plötzlich im TV ein bemitleidenswerter deutscher Stürmer, der aus drei Metern das sperrangelweite Tor nicht trifft. Und neben ihm jubelt Jean-Marie Pfaff.

ANDREAS MÖLLER

Seine Schwalbe machte den BVB zum Meister

Dortmund kämpfte um die Meisterschaft, der Karlsruher SC um einen UEFA-Cup-Platz. Der 26. Spieltag der Saison 1994/95 wurde aber nicht deshalb zum geschichtsträchtigen Tag. An jenem 13. April 1995 passierte ein Foul, das keines war. Das Opfer wurde zum Täter – und Andreas Möller galt fortan als Schwalbenkönig.

Der KSC führte im Westfalenstadion durch ein Tor von Gunter Metz mit 1:0. Dortmund drängte auf den Ausgleich. Aber es war ein Tag, an dem nichts gelingen wollte. Da stürmte Andy Möller mit dem Ball am Fuß von rechts in den Strafraum und kam zu Fall. Für Schiedsrichter Günther Habermann, der zwanzig Meter entfernt und seitlich versetzt stand, bestand kein Zweifel: Foul, Elfmeter!

Erst die Fernsehkameras überführten Möller als Schauspieler. Zwei, drei Meter lagen zwischen ihm und Karlsruhes Abwehrspieler Dirk Schuster, eine Berührung, ein Foul waren deshalb schier unmöglich. Aber aus der Perspektive des Schiedsrichters war der Abstand zwischen den beiden Spielern nicht erkennbar. Da Möller dermaßen spektakulär fiel, hatte er auch das Publikum auf seiner Seite, das Elfmeter forderte und ihn bejubelte.

Michael Zorc ließ sich die Chance nicht nehmen, verwandelte sicher zum 1:1. Und Dortmund konnte das Spiel tatsächlich noch drehen. Denn Matthias Sammer erzielte in der 86. Minute das 2:1 und sicherte die drei wichtigen Punkte im Kampf um die Meisterschaft. Acht Spieltage später war Dortmunds erste Bundesliga-Meisterschaft perfekt. Mit einem Punkt Vorsprung vor Werder Bremen, das am letzten Spieltag in München verlor, holte sich Borussia den Titel. Ohne die Punkte gegen den KSC hätte es nicht gereicht.

Im Westfalenstadion war die Situation nach dem Schlusspfiff eskaliert. Möller attackierte Karlsruhes Trainer Winfried Schäfer: »Bei jedem anderen wäre ich zum Schiedsrichter gegangen und hätte gesagt, dass es kein Elfmeter war, bei ihm jedoch nicht.« Seine Erklärung für seinen spektakulären Fall: »Das war eine Schutzschwalbe. Ich dachte, dass Dirk Schuster mich voll umhauen würde.«

UNSCHULDSLAMM. Andreas Möller wurde mit Dortmund 1995 und 1996 Deutscher Meister.

Beim Deutschen Fußball-Bund verfingen solche Ausflüchte allerdings wenig. Möller wurde vors Sportgericht zitiert, für zwei Spiele gesperrt und mit einer Geldstrafe in Höhe von 10.000 Mark belegt. Er war damit der erste Spieler der Bundesliga-Geschichte, der vom DFB für eine Schwalbe mit einer Sperre belegt wurde.

DIETER MÜLLER

Sechs Tore für die Geschichtsbücher

Es war eine Begegnung unter Flutlicht, ein Mittwochsspiel in einer »englischen Woche«. Der 1. FC Köln hatte im Müngersdorfer Stadion Werder Bremen zu Gast. Und auf Dieter Müller, den Kölner Mittelstürmer, wartete der Eisenfuß. So war der Spitzname von Bremens Nationalspieler Horst-Dieter Höttges, eines Verteidigers der alten Schule.

Doch auch der konnte an diesem Tag einen einmaligen Torrekord seines Gegenspielers nicht verhindern. Es war ein Tag für die Ewigkeit. Denn sechs Tore in einem Spiel hat keiner vor und keiner nach Dieter Müller bisher je in der Bundesliga geschafft. Nicht einmal Gerd Müller, der »Bomber der Nation«, der zusammen mit Franz Brungs bis dato den Rekord hielt und fünfmal in einem Spiel getroffen hatte.

Am 17. August 1977 gewann der 1. FC Köln mit 7:2 gegen Bremen. Nur Heinz Flohe unterbrach mit dem sechsten Kölner Treffer Müllers Torflut. Das Festival begann in der 12. Minute. Im Liegen machte Müller 1:0. Das 2:0 (23.) dann per Kopf nach einem Eckball von Flohe. Das 3:0 folgte dem gleichen Schema: Eckball Flohe, Kopfball Müller. Auch das 4:1 (52.) und 5:1 (73.) erzielte Müller per Kopf (52.). »Diese Eckballvariante hatten wir einstudiert. Ich stand immer am kurzen Pfosten und Flohe zirkelte den Ball genau auf meinen Kopf. Aber nie klappte es so gut wie an diesem Tag«, so Müller. Für den letzten Treffer benutzte er wieder seinen rechten Fuß, als er in der 73. Minute alleine vor dem Bremer Tor auftauchte und überlegt einschoss.

Dieter Müller, von Hennes Weisweiler bei den Offenbacher Kickers entdeckt, erzielte in 303 Bundesliga-Spielen 177 Tore, dazu kamen 48 Treffer im DFB-Pokal, 32 im Europapokal und neun in der Nationalmannschaft. Eine beeindruckende Bilanz, die aber überstrahlt wird von den sechs Treffern aus dem Sommer 1977: ein Rekord für die Geschichtsbücher.

TORKÖNIG. Dieter Müller köpft eines seiner sechs Tore, die er 1977 gegen Werder Bremen erzielte. Köln gewann 7:2.

»IMMER GLÜCK IST KÖNNEN.« (HERMANN GERLAND)

GERD MÜLLER

Das traurige Leben nach dem Fußball

AUSZEICHNUNG. Den goldenen Schuh erhielt Gerd Müller für sein Lebenswerk.

Der Name »Bomber der Nation« sagt eigentlich alles. Keiner hat so viele Tore geschossen wie Gerd Müller.

40 waren es in einer einzigen Saison (1971/72), 68 in 62 Länderspielen, 365 in der Bundesliga, 1.455 insgesamt in 1.204 Spielen. Der unnachahmliche Mittelstürmer hat Titel gesammelt wie andere Briefmarken: Weltmeister, Europameister, viermal Deutscher Meister, viermal DFB-Pokalsieger, dreimal Gewinner des Europapokals der Landesmeister und einmal des Europapokals der Pokalsieger (alles mit dem FC Bayern München), als erster deutscher Spieler Europas Fußballer des Jahres (1970) und natürlich auch Deutschlands Fußballer des Jahres (1967 und 1969), dazu siebenmal Torschützenkönig der Bundesliga. Aber während seine Mitspieler aus Bayern-Zeiten wie Uli Hoeneß oder Franz Beckenbauer eine zweite Karriere nach dem Fußball begannen, wusste Gerd Müller mit dem Leben nach dem 1979 vollzogenen Abschied von Spielfeld und Trainingsgelände nichts anzufangen.

Anfang der 1990er Jahre sorgte Uli Hoeneß dafür, dass Müller seine Alkoholprobleme bei einer Entziehungskur behandeln lassen konnte, brachte ihn in eine Klinik in Murnau und besuchte ihn trotz aller gleichzeitigen Bayern-Krisen nahezu täglich. Müller erfuhr ein wenig menschliche Wärme, die er so dringend benötigte. Seither war die Alkoholkrankheit besiegt, er blieb trocken. Und es begann das Schutz-

> »WISSEN SIE, WANN 1860 MÜNCHEN HIER ERSTMALS URKUNDLICH ERWÄHNT WURDE? IM ALTEN TESTAMENT. DA STAND NÄMLICH ›SIE TRUGEN SELTSAME GEWÄNDER UND IRRTEN PLANLOS UMHER‹.«
> (KARL-HEINZ RUMMENIGGE)

programm der Bayern, die ihn als Ko- und Jugendtrainer beschäftigten, ihm neue Aufgaben zuschanzten und ihn vor der Öffentlichkeit schützten.

2011 geriet Müller erneut in die Schlagzeilen. Während eines Trainingslagers der Amateure im italienischen Trient irrte er 15 Stunden umher und wurde schließlich in der Innenstadt hilf- und orientierungslos von der Polizei aufgegriffen. Die ganze Mannschaft hatte den nahen Wald durchkämmt, aber ihren Kotrainer nicht gefunden. Schon damals war klar, auf was es bei Müller hinauslief. Aber die Verantwortlichen bei den Bayern baten händeringend darum, das Wort Alzheimer zu vermeiden. Auch aus Respekt vor seinem Lebenswerk und seiner Persönlichkeit blieb die Krankheit unerwähnt.

Das Stillhalteabkommen wurde auch bis kurz vor seinem 70. Geburtstag im November 2015 nicht gebrochen. Dann machten die Bayern selbst in einer Presseerklärung Müllers Krankheit öffentlich – mit der Bitte, seine Privatsphäre weiterhin zu respektieren. Schon im Jahr zuvor hatte er seine Arbeit bei den Bayern aufgeben müssen, klammheimlich und inoffiziell war dies geschehen. Die ganze Tragweite wurde durch das im Herbst 2015 veröffentlichte Buch »Bomber der Nation« publik, das im Riva-Verlag erschienen ist. Bereits im Dezember 2014 hatten Ärzte und Angehörige entschieden, dass Gerd Müller von da an aufgrund seiner fortgeschrittenen Erkrankung dauerhaft professionell betreut werden müsse.

TORGARANT. Im Liegen, im Sitzen, im Stehen – Gerd Müller traf aus allen Lagen, 365-mal in der Bundesliga.

EINPEITSCHER. Thomas Müller mit Megafon vor der Fantribüne.

THOMAS MÜLLER

»Radio Müller« kann auch SMS

Den Spitznamen hat ihm Hermann Gerland verpasst, der Amateur- und Kotrainer des FC Bayern München: »Radio Müller«. Eine Anspielung darauf, dass Thomas Müller keinem Mikrofon ausweicht, gern frei von der Leber weg erzählt und schon in jungen Jahren zum begehrten Interviewpartner wurde. »Lautsprecher« haben ihn andere genannt.

Aber statt sich zurückzunehmen, sucht Thomas Müller auch weiterhin den Kontakt mit den Medien. Dabei ist er allerdings jederzeit ein Weltstar mit Bodenhaftung geblieben. Der Mann aus Pähl am Ammersee, der schon seit der D-Jugend beim FC Bayern München spielt, hat sich nicht verbiegen lassen, ist geerdet geblieben, spielt gern die Rollen des Spaßvogels und des Schwiegersohns der Nation in einer Person.

Aber »Radio Müller« ist nicht nur einfach mit dem Mund vorn dabei, er übernimmt auch Verantwortung, wenn es darauf ankommt. Und er kann auch SMS. Nach einem der bittersten Momente für den FC Bayern, als 2012 in der UEFA Champions League das »Finale dahoam« gegen den FC Chelsea im Elfmeterschießen verloren worden war, schickte Thomas Müller tags darauf eine Kurzmitteilung per Mobiltelefon an die Mannschaftskollegen. »Schaut, es ist passiert. Aber nächstes Jahr holen wir uns den Pokal, okay?«

Die Nachricht kam nicht nur aus dem Herzen, sie legt auch Zeugnis ab von Müllers Charakter: immer nach vorn blickend, stets optimistisch und zielorientiert. Ein Optimismus, der schon zwölf Monate später belohnt wurde: 2013 klappte es tatsächlich mit dem Gewinn der UEFA Champions League. Die Deutsche Meisterschaft und den DFB-Pokalsieg, die das »Triple« komplett machten, gab es im selben Jahr noch on top.

MANUEL

EUER

Fanaufstand mit »Koan Neuer«

So einen Aufstand der Fans hatte es in der Münchner Allianz Arena noch nie gegeben. Als Schalke 04 an jenem Märztag 2011 zum Pokal-Halbfinale in München antrat, reckten 6.000 Fans einen Zettel mit einer einfachen Botschaft in die Höhe: »Koan Neuer«. Dazu gab es Spruchbänder mit Aufschriften wie »Neuer, du bist und bleibst Gast.« Der Schlussmann der Schalker, die durch einen Kopfball Raúls mit 1:0 siegten und später auch das Pokalfinale mit 5:0 gegen den MSV Duisburg gewannen, wurde bei seinem Auftritt in München bei jedem Ballkontakt ausgepfiffen.

Neuer steckte die Fanoffensive scheinbar locker weg: »Ich habe mich auf den Ball, nicht auf die Plakate konzentriert.« Bayern-Präsident Uli Hoeneß entschuldigte sich bei ihm persönlich, Karl-Heinz Rummenigge sogar ganz offiziell im Namen des Klubs: »Er hat dem FC Bayern nichts getan.«

Woher rührte aber der Unmut auf den Rängen der Allianz Arena? Wenn auch bisher noch keine offizielle Bestätigung der Vereinsoberen vorlag, war es ein offenes Geheimnis, dass der FC Bayern zu dieser Zeit um Deutschlands Torwart Nummer eins buhlte. Hatten die Bayern-Fans rund um den harten Kern der

»ICH BIN GENAUSO ÜBERZEUGT VON MIR WIE DER BUNDESKANZLER VON SICH.« (MARIO BASLER)

FANPROTEST. 6.000 Zuschauer hielten Zettel mit ihrer Botschaft hoch.

Ultra-Gruppierung »Schickeria« bisher jeden neuen Star mit offenen Armen empfangen, so lehnten sie Neuer offen ab. Das hatte drei Gründe: Zum einen liebten sie ihren Schlussmann Thomas Kraft, der im Giuseppe-Meazza-Stadion im Achtelfinalhinspiel der Champions League bei Inter Mailand eine Woche zuvor eine Weltklasseleistung geboten hatte. Zum anderen hatten sie die Szene im Kopf, als Neuer 2009 bei einem ganz normalen Bundesliga-Sieg in Kahn-Manier zur Eckfahne gerutscht war und das Gestänge geküsst hatte. Eine Szene, mit der Kahn 2001 die Deutsche Meisterschaft feierte, als die Bayern in letzter Sekunde den Schalkern den Titel weggeschnappt hatten. Und drittens hatte sich der in Gelsenkirchen-Buer geborene Neuer immer wieder als Ur-Schalker bekannt, der als Jugendlicher in der Fankurve im Parkstadion gestanden hatte und seinen Vorgänger Jens Lehmann bewunderte.

Neuer ging im Sommer 2011 dennoch zum FC Bayern. Doch auch der perfekt inszenierte Wechsel, am 1. Juni von ihm selbst via Facebook verkündet, konnte die Münchner Fangemüter nicht beruhigen. Am 2. Juli fand in der Allianz Arena nach der offiziellen Präsentation der Mannschaft ein denkwürdiges Treffen statt. Die Ultras erhielten Gelegenheit, mit Neuer ein Agreement auszuhandeln. Bastian Schweinsteiger und Philipp Lahm kamen zu seiner Unterstützung mit. Als Moderator trat Wolfgang Sawitzki auf, ein Professor für Psychologie, der 1977 schon für die Bundesregierung als Vermittler im Entführungsfall der Lufthansa-Maschine »Landshut« aufgetreten war. Ein Zeichen dafür, welche Bedeutung die Bayern-Bosse diesem Treffen beimaßen. Neuer musste sich verpflichten, demonstrative Gesten zu unterlassen, nie von Bayern-Liebe zu reden oder das Vereinsemblem zu küssen.

In München reifte Neuer zum Welttorhüter und hat sich längst auch in die Herzen der Fans gespielt. Das Trikot der Münchner allerdings hat er bis heute nicht an die Lippen geführt.

ZU BESUCH. Das Pokalspiel in München wurde zum Spießrutenlauf für Neuer.

»FUSSBALLER WERDEN AUCH DAFÜR BEZAHLT, DASS SIE SICH DIE BESCHIMPFUNGEN DER ZUSCHAUER GEFALLEN LASSEN.«
(PAUL BREITNER)

ARNE-LARSEN

ØKLAND

Drei Tore gegen den FC Bayern und ein Fair-Play-Preis

Tore gegen den FC Bayern sind immer etwas Besonderes. Das waren sie auch für Arne-Larsen Økland, den norwegischen Stürmer in Diensten von Bayer 04 Leverkusen.

Am 7. März 1981 hatte er gleich dreimal gegen den Rekordmeister getroffen. Die graue Maus Bayer Leverkusen, 13. in der Tabelle, führte bei Halbzeit mit 3:0. Binnen 20 Minuten hatte Økland einen lupenreinen Hattrick erzielt. Dabei war sein Gegenspieler kein Geringerer als Klaus Augenthaler. Bayern-Trainer Pal Csernai war so sauer, dass er den Verteidiger bereits nach 36 Minuten vom Feld holte. Die Höchststrafe für den späteren Weltmeister.

UMJUBELT. Der Norweger Arne-Larsen Økland stürmte drei Jahre für Bayer 04 Leverkusen.

Aber Økland hatte noch nicht genug. Er mischte die Bayern weiter auf. Noch nie hatte ein Spieler vier Treffer gegen die Bayern erzielt. Nun aber zeigte Schiedsrichter Udo Horeis erneut zur Mitte, er erkannte auf ein weiteres Tor des Norwegers.

Doch da irrte sich der Unparteiische. Der Ball hatte nach einem Schuss Øklands die Torstange getroffen und war von da so heftig gegen das Außennetz geprallt, dass es wie ein Treffer aussah. Auch Økland schritt zurück zur Mittellinie, ging dann aber zum Schiedsrichter und klärte ihn auf: »Der Ball war nicht drin.« Zweimal fragte Horeis nach, streckte dann dem Spieler die Hand entgegen und sagte Danke. Er nahm den Ball, lief zurück zum Bayern-Tor und legte ihn auf den Abstoßpunkt.

Økland erhielt für sein Verhalten die Fair-Play-Plakette der FIFA. Unaufgefordert hatte er auf ein Tor verzichtet. Die Fanpost aus München stapelte sich in der Geschäftsstelle der Leverkusener. Økland später auf die Frage, ob er auch beim Stand von 0:0 so reagiert hätte: »Ich weiß es nicht, aber ich hoffe es.«

JAY JAY OKOCHA

Der Tortanz gegen Kahn

TV-Reporter Jörg Dahlmann wurde durch seine Reportage fast genauso berühmt wie der Torschütze. Unvergessen ist sein Emotionsausbruch, der zum Glück nicht in einer Kündigung mündete: »Meine Zeit ist eigentlich um. Sollen sie mich doch rausschmeißen.

TÄNZERISCH. Jay Jay Okocha spielt die gesamte Karlsruher Abwehr inklusive Torhüter Oliver Kahn aus.

Ich zeige Ihnen die Szene bis zum Umfallen. Auch beim achten Hinschauen zittern mir noch die Knie vor Begeisterung.«

Das Tor, das Dahlmann dermaßen in Ekstase versetzte, erzielte Jay Jay Okocha am 31. August 1993. Der Nigerianer in Diensten der Frankfurter Eintracht tanzte eine ganze Abwehr aus. Im Spiel gegen den KSC nutzte er eine Vorarbeit von Uwe Bein zu einem spektakulären Auftritt. Er umkurvte erst Karlsruhes damaligen Keeper Oliver Kahn, ließ dann Burkhard Reich stehen, schlug mehrere Haken gegen Slaven Bilic und ließ sich auch vom heranstürmenden Lars Schmidt nicht bremsen. Rechts herum, links herum, hier noch ein Schlenker, da noch eine Pirouette – während seine Gegenspieler grätschten, ins Leere flogen, das Gleichgewicht verloren. Am Ende folgten ein beherzter Linksschuss und das 3:1 für die Eintracht gegen den KSC. Okocha hatte nicht nur Kahn,

»WENN DU BEIM FC BAYERN EINEN VERTRAG UNTERSCHREIBST, STEHT DRIN, DASS DU DEUTSCHER MEISTER WERDEN MUSST.« (BASTIAN SCHWEINSTEIGER)

sondern die ganze Karlsruher Abwehr schwindelig gespielt. Ein brillantes Slalomtor, technisch perfekt. Der Nigerianer verstand es wie kaum ein Zweiter, Gegenspieler und Fans verrückt zu machen.

Der auf die legendäre Tanzeinlage folgende Treffer wurde zum Tor des Monats, später auch zum Tor des Jahres 1993 gewählt. Und der spätere Nationaltorwart Oliver Kahn wird noch immer einen Brummschädel bekommen, wenn er an die Pirouetten des Dribbelkönigs denkt ...

NICO
ATSCHINSKI

Ein Treffer gegen den Weltpokalsieger

Über einen Siegtreffer gegen Bayern München freut sich jeder Spieler besonders. Aber das Tor von St. Paulis Angreifer Nico Patschinski hatte auch noch ein spezielles Nachspiel.

Im November 2001 hatten die Münchner in Tokio die Boca Juniors aus Buenos Aires im Weltpokalfinale mit 1:0 besiegt und sich die globale Fußballkrone aufgesetzt. Acht Wochen später musste die Truppe von Ottmar Hitzfeld am Hamburger Millerntor ran. St. Paulis Trainer Dietmar Demuth in der Kabine: »Wäre schön, wenn wir bei Halbzeit mit zwei, drei Toren führen würden.« Das nahmen seine Spieler wörtlich. 1:0 Meggle (30.) – und dann das: Ecke Christian Rahn, Marcel Rath verlängert mit der Glatze, Patschinski macht ihn rein. 2:0 nach 33 Minuten. In Nico Patschinskis Bilanz für den Hamburger Verein stehen 21 Tore in 75 Ligaspielen. Keines war allerdings so bedeutend wie das vom 6. Februar 2002. Denn St. Pauli als krassem Außenseiter gelang nach Patschinskis 2:0 die Sensation und ein 2:1-Sieg. Die Fortsetzung folgte bei spanischem Brandy der Marke »Carlos I« in der Fankneipe »Jolly Roger«. Dort tagten nach dem Schlusspfiff nämlich Heiko Schlesselmann und Hendrik Lüttmer aus

108

Paulis Marketing- und Fanabteilung und gebaren die Schnapsidee, ein T-Shirt mit dem Zungenbrecher »Weltpokalsiegerbesieger« aufzulegen.

SCHNAPSIDEE. St. Pauli verkaufte von dem T-Shirt 125.000 Exemplare und nahm 2,5 Millionen Euro ein.

Die erste Auflage von 400 Stück, für 19,95 Euro angeboten, war schon nach zwei Tagen ausverkauft, nach drei Monaten waren 25.000 über den Ladentisch gegangen, 50.000 waren es nach einem Jahr. Trotz des Abstiegs bis in Liga drei hatte man am Ende 125.000 Shirts verkauft. Bruttoeinnahme für den Kiezklub, bekannt für seine ungewöhnlichen Ideen: knapp 2,5 Millionen Euro.

»Eine wirklich geile Idee«, sagt Patschinski noch heute. Er selbst wird immer noch auf den Weltpokalsiegerbesieger und sein Siegtor gegen die Bayern angesprochen. »Dieses Tor gegen Kahn war das Highlight meines Lebens.«

PAULI-FEIER: Nico Patschinski (ganz rechts) dreht jubelnd ab, hat soeben zum 2:0 gegen den FC Bayern getroffen.

JEAN-MARIE

P FAFF

Der größte Wurf von Uwe Reinders

Er war zu seiner Zeit einer der besten Torhüter der Welt, 1978 Belgiens Fußballer des Jahres, 1979 mit dem kleinen SK Beveren erstmals belgischer Meister. 1980 Vize-Europameister. Als Jean-Marie Pfaff 1982 nach München kam, feierten ihn die Bayern als würdigen Nachfolger von Sepp Maier.

Und dann dieser Einstand: Der Spielplan führte die Bayern ins Weserstadion zum SV Werder Bremen. Es war der 21. August 1982. Werder siegte 1:0 – durch ein Einwurftor von Uwe Reinders. Und Pfaff hatte dabei kräftig mitgeholfen.

Uwe Reinders erzählt es so: »Bremen ist eine windige Ecke. Wir hatten das trainiert. Ich sollte weit auf den kurzen Pfosten zu Rudi Völler werfen, der dann den Ball mit dem Kopf verlängern sollte. Aber gegen die Bayern flog der Ball weiter als geplant – und dank Pfaff direkt ins Tor.« Der Bayern-Keeper hatte den Ball nämlich noch mit den Fingerspitzen erwischt. Nur so wurde aus dem Einwurf überhaupt ein regulärer Treffer. Denn mit der Hand – so besagt es die Regel – darf kein Tor erzielt werden. Wäre der Reinders-Einwurf ohne die Berührung durch Pfaff direkt im Netz gelandet, hätte der Treffer nicht gezählt. So aber entschied die Szene in der 44. Minute das Spiel.

Reinders hat viele Tore für Bremen erzielt, insgesamt 83 allein in der Bundesliga. Aber keines war sicherlich so ungewöhnlich wie sein Einwurftor. Jean-Marie Pfaff bestritt weitere 155 Bundesliga-Spiele für die Bayern, holte viele Titel und wurde zu der Persön-

PANNEN-PFAFF. Der belgische Torwart klebt am Pfosten, der Ball trudelt ins Netz. Der Einwurf von Reinders (Foto links) bedeutete den Siegtreffer.

lichkeit, die sich die Münchner erhofften. Dabei hat er natürlich auch einige Gegentreffer kassiert. Aber keiner war so spektakulär wie der anlässlich seines Einstands in Bremen.

> »EINE STRASSENBAHN HAT MEHR ANHÄNGER ALS UERDINGEN.« (MAX MERKEL)

TOMISLAV

PIPLICA

Ein Kopfball-Eigentor der besonderen Art

Den Letzten beißen die Hunde. Tomislav Piplica, zwischen 1998 und 2009 im Kasten von Energie Cottbus, wurde gebissen. Am 6. April 2002 kassierte er eines der kuriosesten Tore der Bundesliga-Geschichte.

Es war ein Abstiegsendspiel. Energie Cottbus empfing an jenem Samstag die Mönchengladbacher Borussia, führte bis zur 85. Minute mit 3:2. Ein Ergebnis, das wesentlich zum Klassenerhalt beigetragen hätte. Wegen Piplica musste die Siegesfeier in der Lausitz abgeblasen werden.

Über 470.000 Fußballfans haben sich das Video schon auf YouTube angesehen. Die gezeigte Szene ist so verrückt wie einmalig. Marcel Witeczek versucht sich aus 17 Metern. Sein Schuss wird von Kaluzny abgefälscht, segelt wie in Zeitlupe und in hohem Bogen Richtung Tor der Cottbuser. Piplica macht ein paar Tippelschritte rückwärts bis zur Torlinie, hat dabei den Ball stets im Blick. Aber statt die Arme auszubreiten und die Kugel locker abzufangen, tut er – nichts. Der Ball fällt ihm auf den Hinterkopf und von dort ins Tor. 3:3, dabei bleibt es bis zum Schluss. Den erhofften Sieg kann Cottbus in den Wind schreiben.

Tomislav Piplica berichtet von der Szene, als wäre sie erst gerade gestern passiert. Der bosnische Nationaltorwart (insgesamt sieben Länderspiele): »Ich war hundertprozentig davon überzeugt, dass der Ball auf die Latte oder sogar über das Tor geht. Eine

111

fatale Fehleinschätzung. Wie das passieren konnte, weiß ich bis heute nicht. Es sah nicht nur selten dämlich aus, sondern ich war über mich selbst total schockiert, weil ich den Ball dermaßen falsch eingeschätzt hatte.«

Piplica, der inzwischen mit seiner Frau Ada und den beiden Kindern in Leipzig lebt, hat auch heute noch Gelegenheit genug, anderen von seinem Missgeschick zu erzählen. Er ist Torwarttrainer der bosnischen Nationalmannschaft – seinen Schlussleuten wird er raten, auch bei leicht erscheinenden Bällen nicht nur zuzuschauen, sondern immer gleich zuzugreifen.

SHOWMAN. Tomislav Piplica schwingt sich an der Latte empor, begeistert die Cottbuser Fans. Aber nicht immer ...

CLAUDIO PIZARRO

Die Nummer eins ist Peruaner

Claudio Pizarro ist der Rekord-Ausländer der Bundesliga.

Am 23. Oktober 2010 war es so weit. Werder Bremen trat im Borussia-Park in Mönchengladbach an. 53.500 Augenzeugen erlebten live den entscheidenden Moment, als Pizarro den Ball aus vier Metern über die Torlinie drückte. Es war das 4:1 von Bremen bei der Borussia, der Schlusspunkt unter den Auswärtssieg. Und es war der 134. Treffer von Claudio Pizarro in der Bundesliga. Seither ist er alleiniger Rekordhalter: der Ausländer mit den meisten Treffern in der Bundesliga. »Das Tor«, sagt er, »war wirklich nichts Besonderes, aber der Rekord schon. Er bedeutet mir sehr viel und natürlich auch meinen Fans in der Heimat.«

Im Andenstaat Peru ist Claudio Pizarro ein Held. Deshalb hatte der ehemalige Kapitän der Nationalmannschaft auch schon eine ganz spezielle Grußbotschaft in sein Heimatland geschickt, als er im Mai 2010 seinen 133. Treffer erzielt und die bisherige Bestmarke von Giovane Élber eingestellt hatte. Da trug er unter dem grünen Werder-Trikot ein T-Shirt mit der Aufschrift »El 1 es Peruano« – »Die Nummer eins ist Peruaner«.

Claudio Pizarro ist ein Ausnahmestürmer. 1999 hatte Bremen den Spieler mit dem Namen Claudio Miguel Pizarro Bossio in Südamerika entdeckt und von Alianza Lima für zwei Jahre an die Weser gelockt. Es folgten neun Jahre beim FC Bayern und vier weitere bei Werder, unterbrochen nur durch ein Kurzgastspiel beim FC Chelsea in London. Seit der Saison 2015/16

PERU JUBELT. Claudio Pizarro ist der beste Ausländer der Bundesliga, bejubelt hier einen seiner mehr als 180 Treffer.

erneut zurück in Bremen, hält Claudio Pizarro inzwischen sämtliche wichtigen Bestmarken, die Ausländer jemals in der Bundesliga aufgestellt haben. Die Zahl seiner Tore hatte er bis zum März 2016 auf über 180 hochgeschraubt, in der Liste der Einsätze steht er mit über 400 Spielen ebenfalls unumstritten auf Platz eins. Und ein Ende seiner Rekordjagd war im Frühjahr 2016 (noch) nicht in Sicht. Der Stürmer aus den Anden hat sich bereits mehrfach in den Geschichtsbüchern der Bundesliga verewigt. Korrigiert werden müssen eines Tages nur noch seine Endresultate.

»ICH BIN KÖRPERLICH UND PHYSISCH TOPFIT.«
(THOMAS HÄSSLER)

BABAK

RAFATI

Spielabsage wegen Selbstmordversuchs

Beim gemeinsamen Frühstück um 9.00 Uhr fehlte er allerdings. Nichts Ungewöhnliches. Für 13.30 Uhr hatte Rafati, Kind iranischer Eltern und Bankkaufmann von Beruf, die obligatorische Sitzung des Schiedsrichtergespanns

SCHAUPLATZ KÖLN.
29 Minuten vor dem Anpfiff kam die Absage. Schiedsrichter Babak Rafati (Foto unten) hatte einen Suizidversuch unternommen.

Um 15.01 Uhr wurden die 42.000 Zuschauer im Kölner Stadion informiert: »Das Spiel muss leider abgesagt werden.« Hinter diesem lapidaren Satz, 29 Minuten vor dem Anpfiff des Bundesliga-Spiels gegen den FSV Mainz 05 in der Saison 2011/12 ausgesprochen, versteckte sich ein menschliches Drama: Schiedsrichter Babak Rafati hatte einen Selbstmordversuch unternommen.

Noch am Abend zuvor war er mit seinen Kollegen Patrick Ittrich, Holger Henschel und Frank Willenborg zusammen. Wie immer.

vor einer Bundesliga-Begegnung anberaumt. Seine Assistenten waren pünktlich, der Chef aber fehlte. Auf Anrufe reagierte er ebenso wenig wie auf das Klopfen an seiner Hotelzimmertür im Kölner Hyatt. Die Assistenten ließen daraufhin die Zimmertür durch eine Servicekraft des Hotels öffnen. Was sie dann sahen, war für sie ein Schock. Rafati hatte sich die Pulsadern aufgeschnitten, lag in der Badewanne.

Polizei und Notarzt waren fünf Minuten später zur Stelle. Rafati hatte viel Blut verloren, wurde in eine Kölner Klinik eingeliefert. Das schnelle und beherzte Eingreifen seiner Kollegen hatte dafür gesorgt, dass der Selbstmordversuch im November 2011 scheiterte. DFB-Präsident Dr. Theo Zwanziger sollte es auf den Punkt bringen: »Die Assistenten haben ihm das Leben gerettet.«

»Es waren Depressionen«, ließ Babak Rafati später über seinen Anwalt mitteilen. Unklar blieben seine wahren Motive. Rafati, seit 2005 Bundesliga-Schiedsrichter und in insgesamt 84 Partien eingesetzt, war dreimal von den Profis in einer anonymen Abstimmung zum »schlechtesten Schiedsrichter des Jahres« gewählt worden. Auf Facebook gab es eine Anti-Rafati-Seite, die 2.500 Anhänger gefunden hatte. Kurz vor dem Suizidversuch war Rafati vom Deutschen Fußball-Bund von der FIFA-Liste gestrichen worden, offiziell aus Altersgründen und wegen Umstrukturierungsmaßnahmen. Hatte dem Schiedsrichter das alles zu sehr zugesetzt? War der Leistungsdruck für ihn zu hoch geworden, sodass er keinen anderen Ausweg mehr gesehen hatte als den Freitod?

Rafati leitete nach seiner Genesung kein weiteres Bundesliga-Spiel mehr. Zwei Jahre später veröffentlichte er ein Buch mit dem Titel »Ich pfeife auf den Tod!«. Mit ihm schloss ein sehr nachdenkliches Kapitel der Bundesliga-Annalen.

HELMUT »BOSS« RAHN

Ein Weltmeister mit dem ersten Platzverweis

Er hatte das Siegtor bei der WM 1954 in Bern gegen Ungarn geschossen und war einer der Superstars im Gründungsjahr der Bundesliga. Rudi Gutendorf, Trainerfuchs beim Meidericher SV, hatte Helmut »Boss« Rahn von Twente Enschede zurück nach Deutschland geholt. Aber der Boss war es auch, der sich den ersten Platzverweis der Bundesliga-Geschichte einhandelte. Am vierten Spieltag der Saison 1963/64 musste er beim 1:3 seines MSV gegen Hertha BSC wegen einer Tätlichkeit vorzeitig unter die Dusche.

Die erste Rote Karte wurde übrigens erst sieben Jahre später gezeigt. Gelbe und Rote Karten waren bei der WM 1970 in Mexiko eingeführt worden, anschließend auch in der Bundesliga. Der Erste, den es erwischte, war Lothar Kobluhn von Rot-Weiß Oberhausen am 11. Spieltag der Saison 1970/71. In der 20. Minute war ihm der 1:2-Anschlusstreffer für seinen Klub in der Begegnung beim 1. FC Kaiserslautern gelungen, in der 35. Minute musste der Mittelfeldspieler vom Platz.

Die schnellste Rote Karte kassierte schließlich ein Frankfurter. Am 14. Mai 2011 sah sie Marcel Titsch-Rivero im Spiel der Eintracht bei Borussia Dortmund bereits 43 Sekunden nach seiner Einwechslung: Foul, Notbremse, Elfmeter und Platzverweis. Es war sein zweiter und auch bisher letzter Einsatz in der Bundesliga.

WELTMEISTERLICH.
Helmut »Boss« Rahn spielte für den Meidericher SV in der Bundesliga, kassierte den ersten Platzverweis.

»KOPFBALL WAR FÜR MICH EHER IMMER SO ETWAS ÄHNLICHES WIE HAND-SPIEL.« (GÜNTER NETZER)

RALF RANGNICK

Der erste Trainer, der wegen Burn-out aufgab

Schalke ist geschockt, die Fußballrepublik reagiert betroffen. Es ist der 22. September 2011, erstmals hat ein Bundesliga-Trainer wegen Burn-out aufgegeben. Ralf Rangnick hat, anscheinend vollkommen überraschend, seinen sofortigen Rücktritt von seinem Traineramt verkündet. An der Pressekonferenz des FC Schalke nimmt er schon nicht mehr teil. Rangnick hat sich bereits von der Mannschaft verabschiedet und lässt sich in seine Heimat nach Backnang fahren. Verlesen wird eine Erklärung: Er sei »aufgrund eines Erschöpfungssyndroms momentan nicht in der Lage, die Kraft und Energie aufzubringen«, seinen Job weiterhin auszuüben. Der Schalker Mannschaftsarzt Dr. Thorsten Rarreck spricht später von »vegetativem Erschöpfungssyndrom«, Rangnick habe nicht mehr essen und nicht mehr schlafen können. Der Trainer hatte sich selbst komplett überfordert.

Burn-out in der Bundesliga. Rangnick hatte ein Tabuthema gebrochen. Für seinen Mut erntete er Lob und Respekt, bei Sportlern genauso wie bei Medizinern.

Rückblende: Am 1. Januar 2011 war Rangnick bei der TSG Hoffenheim nach einem Dauerstreit mit Mäzen Dietmar Hopp zurückgetreten. Der

AUFTRITT. Trainer Ralf Rangnick erklärt im »Aktuellen Sportstudio« des ZDF, warum er den Trainerjob auf Schalke aufgeben musste.

Trainer hatte den Kraichgauer Provinzklub aus der 3. Liga bis zur Herbstmeisterschaft in der Bundesliga geführt, den Kader zusammengestellt, die Mannschaft physisch und taktisch auf Vordermann gebracht, den ganzen Verein auf professionelle Füße gestellt. Ein Job, der schon damals mehr als hundert Prozent gefordert hatte. Sein Motto: »Nur wer selbst brennt, kann Feuer entfachen.« Rangnick hatte gebrannt – und war erfolgreich dazu.

Nach seiner Zeit in Hoffenheim wollte er eigentlich eine Pause einlegen, aber dann kamen die Schalker. Der Vertrag, der ab dem Beginn der Saison 2011/12 gelten sollte, war schon ausgehandelt. Aber Schalke trennte sich von seinem bisherigen Coach Felix Magath, wollte Rangnick gleich als Nachfolger haben. Der weigerte sich zunächst, ließ sich dann doch umstimmen. Am 17. März 2011 übernahm er die Königsblauen, siegte in der Champions League sensationell beim Titelverteidiger Inter Mailand, holte den DFB-Pokal. Rangnick: »Ich hatte keine Pause, keine Minute. Denn in der Sommerpause musste der neue Kader zusammengestellt werden.« Spieler beobachten, verhandeln, planen, das Training leiten, die Vorbereitung, Trainingslager – die Mühle ging weiter. Bis der Körper sich verweigerte.

Rangnick weihte Schalkes Mannschaftsarzt ein, ging auch zu weiteren Experten. Dr. Rarreck: »Gemeinsam haben wir dann diese Entscheidung getroffen.« Es folgte der freiwillige Rücktritt nach gerade einmal sechs Spieltagen in der neuen Saison. Das manchmal verrückte Bundesliga-Geschäft hatte seinen Tribut gefordert.

FRIEDEL

RAUSCH

Schäferhund Rex biss gnadenlos zu

Friedel Rausch lebt im beschaulichen Horw am Vierwaldstättersee in der Schweiz. Er hat mit dem Fußball längst abgeschlossen, 2006 war Luzern seine letzte Trainerstation. Aber eine Geschichte lässt ihn bis heute nicht los.

Die Bundesliga war gerade sechs Jahre alt, das Derby zwischen Dortmund und Schalke schon damals etwas Besonderes. Auch an jenem 6. September 1969. Das Dortmunder Stadion »Rote Erde« war mit über 39.000 Fans ausverkauft, die Zuschauer drängelten sich bis an die Seitenlinie, wurden von Ordnungskräften mit Hunden in Schach gehalten. Als Hansi Pirkner in der 37. Minute die Schalker Führung gelang, gab es kein Halten mehr. Die Fans der Gelsenkirchener stürmten das Spielfeld, die Ordner mit ihren Vierbeinern hinterher.

Auf dem Rasen herrschte Chaos: Spieler, Zuschauer, Fans liefen durcheinander. Und mittendrin die Hunde, die es nicht beim Bellen beließen, sondern mehrmals kräftig zubissen. Wobei sie aber nicht die Zuschauermeute trafen, sondern zwei Schalker

> »ICH KANN NICHT EINFACH DIE TÜR ZU- UND DIE LAMPE AUSMACHEN. DENN DAS ABSTIEGSGESPENST LIEGT IN MEINEM BETT.« (REINER CALMUND, 2003)

119

ERSTE HILFE. Friedel Rausch liegt bäuchlings auf dem Rasen, während sein Hinterteil verarztet wird.

Spieler. Mittelfeldspieler Gerhard Neuser erwischte es am Oberschenkel, Friedel Rausch am Po. Ein Rüde namens Rex hatte bei Rausch seine Bissspuren hinterlassen. Rausch: »Ich wusste gar nicht, wie mir geschah. Plötzlich rief einer, ›Vorsicht, die Hunde sind los‹. Da kamen auch schon die Höllenschmerzen. Aber ich sollte unbedingt drinbleiben. Also bekam ich eine Tetanusspritze, und weiter ging's.«

1:1 spielten die Schalker damals in Dortmund. Friedel Rausch bekam neben 500 Mark Schmerzensgeld auch noch Blumen von der Dortmunder Borussia. »Aber die nächsten Nächte«, erinnert er sich, »konnte ich nur auf dem Bauch schlafen.«

Der Hundebiss hatte übrigens auch Konsequenzen für das Sicherheitskonzept in den Stadien. Der DFB beschloss, dass Hunde fortan nur noch eingesetzt werden durften, wenn sie Maulkörbe trugen.

MARCO

R
EUS

Rekordstrafe fürs »Schwarzfahren«

Marco Reus, Superstar. Publikumsliebling in Dortmund, 2012 Fußballer des Jahres in Deutschland. Ein unbekümmerter Lausbub, der die Fans verzückt. Aber dann »ist er einmal in seinem Leben als junger Kerl falsch abgebogen«, so sein ehemaliger Trainer Jürgen Klopp.

Bei einer Routinekontrolle in Dortmund im März 2014 war es herausgekommen: Marco Reus saß am Steuer eines Austin Martin Vanquish, besaß aber gar keinen Führerschein. Er hatte zwar ein paar Fahrstunden genommen, aber nie die Prüfung abgelegt. Die rasante Nobelkarosse mit über 500 PS gehörte wohl zu Reus' Image als wieselflinker Irrwisch im Profibusiness. Sieben Jahre lang hatte er mit seinem Sportwagen und anderen schnellen Boliden Deutschlands Straßen unsicher gemacht, sich nach Medienberichten bei Bedarf einfach mit einem gefälschten niederländischen Führerschein ausgewiesen, fünf Bußgeldbescheide für zu schnelles Fahren jedes Mal brav bezahlt. Und nie war aufgefallen, dass er überhaupt keine Fahrerlaubnis vorweisen konnte.

SCHNELL, SCHNELLER ... Marco Reus. Der Dortmunder Star hatte es versäumt, seine Führerscheinprüfung abzulegen und war jahrelang ohne Fahrerlaubnis unterwegs.

Besonders peinlich: Reus hatte sein opulentes Profigehalt auch noch aufgebessert mit Werbehonoraren aus der Automobilindustrie. Die Adam Opel AG hatte eine auf 1.909 Stück limitierte Edition mit dem Zusatz »powered by Marco Reus« auf den Markt gebracht. Für die Tankstellenkette Aral hatte er als Testimonial geworben.

Erst das Urteil, im Dezember 2014 von der Oberstaatsanwaltschaft in Dortmund veröffentlicht, brachte den Fall ans Tageslicht. Reus wurde wegen Urkundenfälschung und Fahrens ohne Führerschein in mindestens sechs Fällen zu einer Geldstrafe von 90 Tagessätzen verurteilt. Was harmlos klingt, machte bei Reus satte 540.000 Euro aus.

Es gab übrigens noch ein zweites Verfahren. Nach Bekanntwerden des Falls meldeten sich unzählige Zeugen, die den Jungstar in weiteren Situationen am Steuer gesehen haben wollten. Jeder einzelnen Anzeige ging die Polizei nach, die neuen Vorwürfe konnten jedoch nicht erhärtet werden, das Verfahren wurde eingestellt.

»MAILAND ODER MADRID, HAUPTSACHE ITALIEN.«
(ANDY MÖLLER 1992, BEVOR ER ZU JUVENTUS TURIN WECHSELTE)

FRANCK RIBÉRY

Sexaffäre endete mit Freispruch

Der kleine Franzose kam 2007 zum FC Bayern. Innerhalb kürzester Zeit eroberte er die Herzen der

deutschen Fußballfans, verzauberte mit seiner Schnelligkeit, seinen Tricks, Toren und Vorlagen die Liga. Schon 2008 wurde er zu Deutschlands Fußballer des Jahres gewählt, 2013 gar zu Europas Fußballer des Jahres gekürt, trotz eines Messi oder Ronaldo. Aber Franck Ribéry, der sich im Alter von zwei Jahren bei einem Autounfall schwere Schnittwunden im Gesicht zugezogen hatte, die bis heute zu sehen sind, sorgte immer wieder auch außerhalb des Fußballplatzes für Schlagzeilen, vor allem in Frankreich.

MEDIENOPFER. Franck Ribéry – hier in einem Flughafen-Kiosk – fühlte sich von den französischen Medien verfolgt. Auch ein Grund für seinen Rücktritt aus der Nationalmannschaft.

Bei der Weltmeisterschaft 2010 in Südafrika, bei der die französische Nationalmannschaft sang- und klanglos nach der Vorrunde ausgeschieden war, hatte das Team ein von Trainer Raymond Domenech angesetztes Training verweigert. Ribéry musste sich als stellvertretender Mannschaftskapitän anschließend als einer der Rädelsführer des Aufstands gegen den Coach verantworten, wurde von der Disziplinarkommission des Verbands für drei Länderspiele gesperrt. Der Fall des desaströsen Auftretens der Equipe Tricolore beschäftigte damals sogar das französische Parlament.

In Paris wurde Franck Ribéry im Jahr 2014 gemeinsam mit Karim Benzema angeklagt, Sex mit einer minderjährigen Prostituierten gehabt zu haben. 2009 hatte Ribéry in einem Münchener Luxushotel gefeiert. Die sexuelle Beziehung bestritt er nicht. Allerdings, so ließ er verlauten, habe er weder gewusst, dass die Dame minderjährig sei, noch, dass es sich um bezahlten Sex gehandelt habe. Der Prozess endete angesichts der unklaren Beweislage mit einem Freispruch. Fünf Jahre hatte die Affäre für öffentlichen Wirbel gesorgt. Danach forderten laut einer Umfrage in Frankreich 43 Prozent der Befragten Ribérys Rücktritt aus der Nationalmannschaft – sein Ansehen hatte mächtig gelitten. Nach der wegen einer Verletzung verpassten WM 2014 kam Ribéry diesem Wunsch nach und trat als Nationalspieler zurück.

Sein Ärger mit den Medienvertretern aus seiner Heimat war damit allerdings noch nicht zu Ende. Im Januar 2016 verlor Ribéry einen Prozess gegen den französischen Buchautor Daniel Riolo, den er wegen Beleidigung verklagt hatte. Der hatte in seinem Buch »FC Gesindel« (Racaille Football Club) französische (Ex-)Nationalspieler wie Benzema, Anelka und Ribéry als Gangster und Abschaum bezeichnet. Das Gericht urteilte, die Analyse des Autors sei objektiv, Ribéry kam mit seiner Klage nicht durch.

HANNES RIEDL

Opfer eines gefälschten Spielberichts

Bielefeld gegen Bremen – schon vor der Begegnung knistert es förmlich vor Spannung. Es ist die Saison 1981/82, das Rückspiel nach dem Foul des Werderaners Norbert Siegmann an Ewald Lienen bei der Begegnung in Bremen. Werders Trainer Otto Rehhagel sitzt wegen Morddrohungen mit Bleiweste auf der Bank. Seine Mannschaft siegt am 23. Januar 1982 souverän mit 2:0, aber die Partie hat ein Nachspiel.

Schiedsrichter Werner Ross hatte, für jeden Stadionbesucher offensichtlich, nur zwei gelbe Karten verteilt, an die Bielefelder Karlheinz Geils und Detlef Schnier. In dem Schreiben, das zwei Tage später beim DFB in Frankfurt eingeht, sind auch noch Hannes Riedl, Norbert Dronia und nochmals Schnier als Gelbsünder notiert. Das doppelte Gelb für Schnier, das einen Platzverweis hätte nach sich ziehen müssen, macht die DFB-Offiziellen stutzig. Außerdem diese Notiz: »Trainer Rehhagel hat dem Spieler Lienen auf dem Weg zur Kabine eine Tätlichkeit angedroht.« Rehhagel, vom DFB mit dieser Aussage konfrontiert, ist völlig perplex, lässt geschockt das Bremer Training ausfallen. Lienen entkräftet den Vorwurf: »Davon weiß ich nichts.«

Recherchen bringen es schnell an den Tag: Da hat jemand dazwischengepfuscht. Ross, selbst Postbeamter, hatte das Schreiben in seiner Heimatstadt Ingolstadt aufgegeben. Das Kuvert trug das Bielefelder Vereinsemblem. Beim DFB aber kam das Schreiben in einem neutralen weißen Umschlag an. Ross: »Jemand muss den Brief geöffnet und verändert,

124

dann in einen anderen Umschlag gesteckt und nach Frankfurt geschickt haben.« Den DFB hatte ein gefälschter Spielbericht erreicht.

KLEIN, ABER OHO. Hannes Riedl, hier im Trikot des 1. FC Kaiserslautern, war ein Dauerbrenner im Mittelfeld. Und wurde Opfer einer Fälschung.

> »WENN ICH HEUTE FÜNF TALENTE EINBAUE UND MEHRERE SPIELE HINTEREINANDER VERLIERE, DANN LASSEN DIE LEUTE AN DEN BLUMEN, DIE SIE MIR ZUWERFEN, PLÖTZLICH DIE TÖPFE DRAN.«
> (OTTO REHHAGEL)

> »ICH HABE SACHEN GESEHEN VON MEINEN SPIELERN, DA MUSS ICH MICH FRAGEN, OB SIE IHR DOUBLE GESCHICKT HABEN.« (RALF RANGNICK)

HELMUT ROLEDER
Die erste Rote für eine Notbremse

Helmut Roleder, im sächsischen Freital geboren, ist ein Meistertorwart. 1984 holte er im Kasten des VfB Stuttgart den Titel. Ein Jahr zuvor machte er auf andere Art und Weise Schlagzeilen. Am 9. April 1983 sah er als erster Torwart die Rote Karte für eine Notbremse. Beim 2:2 in Bochum stellte ihn Schiedsrichter Hans-Peter Dellwing aus Trier in der 85. Minute vom Platz.

So war es passiert: Karlheinz Förster spielte einen verunglückten Rückpass. Roleder startete durch, sprintete 30 Meter aus seinem Tor, aber Bochums Christian Schreier war einen halben Schritt schneller. Roleder hechtete zum Ball, kam zu kurz, rollte ab und erwischte dabei den Bochumer Stürmer. »Über meinen ausgestreckten Arm kam Schreier zu Fall«, erinnert sich der Torwart. Dellwing zeigte Rot! Roleder traf es wie ein Hammer.

Denn die Spieler wurden damals nicht – wie heute üblich – von den Schiedsrichtern über neue Regelauslegungen informiert, von einer Notbremse hatte Roleder bis dato nichts gehört. Aufgeklärt wurde er vom DFB-Sportgericht – und für vier Spiele gesperrt. Für den Schlussmann der nächste Schock: »Es war doch kein brutales Foul, eher ein Zusammenprall ohne Absicht.«

Als »Lex Roleder« ging der Platzverweis in die Fußball-Annalen ein. Verhindert der letzte Mann eine Torchance durch ein Foulspiel, ist er zwingend mit einem Feldverweis zu bestrafen. Helmut Roleder war der erste Torhüter, dem das passiert war.

MEISTERTORWART. Helmut Roleder, jahrelang die Nummer 1 beim VfB Stuttgart, stand in der Meistermannschaft von 1984.

JAN

ROSENTHAL

Ein Feldspieler als Elfmetertöter

Im Training wird jede nur denkbare Szene geübt. In der Mannschaftssitzung werden alle Eventualitäten besprochen. »Aber darauf wussten wir keine Antwort«, erinnert sich Dieter Hecking, damals Trainer bei Hannover 96.

Es ist der 7. Dezember 2008, der 16. Spieltag der Saison 2008/2009. Hannover tritt beim VfL Wolfsburg an, liegt nach 80 Minuten mit 1:2 zurück. Edin Dzeko, Wolfsburgs Torjäger, dringt alleine in Hannovers Strafraum ein, umspielt Torwart Florian Fromlowitz, kommt zu Fall. Schiedsrichter Thorsten Kinhöfer entscheidet auf Notbremse: Rote Karte für Fromlowitz und Elfmeter für Wolfsburg. Der Gefoulte schnappt sich den Ball, um den Strafstoß selbst auszuführen.

Aber wer soll ihm eigentlich gegenüberstehen? Hecking ist ratlos. Denn Hannovers Trainer hat schon dreimal gewechselt. In der 41. Minute kam Sergio Pinto für Chavdar Yankov, in der 46. Minute Bastian Schulz für Hanno Balitsch. Und nach 79 Minuten hat Hecking Arnold Bruggink für Szabolcs Huszti gebracht. Das Kontingent ist ausgeschöpft, einen neuen Schlussmann kann er nicht mehr zwischen die Pfosten schicken. Was also tun?

Noch während der Trainer hin und her überlegt und bevor er eine Entscheidung treffen kann, schnappt sich Jan Rosenthal Handschuhe und Trikot von Fromlowitz, und streift sich den grauen Sweater mit der Nummer 27 über. Später begründet er das so: »Ehrlich gesagt, konnte ich nicht mehr. Ich war müde und dachte, dass ich meiner Mannschaft auf dem Feld nicht mehr wirklich helfen kann.« Dreieinhalb Monate war Rosenthal zuvor verletzt, hier in Wolfsburg stand er erstmals wieder in der Startformation. Die freiwillige Entscheidung, sich zwischen die Pfosten zu stellen, ist zehn Minuten vor dem Abpfiff also eine Notlösung – sein Akku ist leer.

Was nicht bedeutet, dass Rosenthal auch sein Wille und seine Konzentration verloren gegangen sind. Denn was folgt, hat ihm einen Platz im Gedächtnis der Fans gesichert.

Auf dem Weg ins Tor nimmt Hannovers Jirí Stajner seinen Notfall-Keeper in den Arm und gibt ihm den entscheidenden Tipp: »Dzeko zielt nach rechts.« ... Der Schütze läuft an. Rosenthal bleibt cool und lange stehen, taucht dann wie von Stajner empfohlen ab, erwischt den Flachschuss mit der linken Hand und lenkt den Ball an den Pfosten. So bewahrt er Hannover vor einer höheren Niederlage.

Die Fans feiern »Rosi« im nächsten Heimspiel der Hannoveraner als neuen Kult-Keeper. Eine Rosenthal-Torhüter-Homepage wird ins Leben gerufen und das Video mit der Szene natürlich auf YouTube hochgeladen. Ein neuer Elfmeterheld ist geboren.

ZEITZEUGNIS. Das Foto ist der Beweis: Jan Rosenthal im Trikot von Florian Fromlowitz hält den Strafstoß von Edin Dzeko.

HARALD  CHUMACHER

Auf den »Anpfiff« folgten die Dopingkontrollen

Das Buch mit dem harmlos wirkenden Titel »Anpfiff« erscheint im Frühjahr 1987. Der Autor, Harald (genannt Toni) Schumacher, ist zu dieser Zeit einer der bedeutendsten aktiven Spieler im deutschen Fußball. Unumstritten die Nummer 1 im deutschen Tor, Leader beim 1. FC Köln, Deutscher Meister, Vizeweltmeister. Das 254 Seiten starke Werk soll eigentlich nur eine gedruckte Zwischenbilanz seiner

ABPFIFF. Toni Schumacher präsentiert sein Buch »Anpfiff«. Es sorgte für das Ende seiner Karriere in Köln und in der Nationalmannschaft.

beeindruckenden Karriere darstellen. Es wird das größte Skandalbuch, das je von einem deutschen Fußballer publiziert wurde.

Der Untertitel klingt schon weniger harmlos: »Enthüllungen über den deutschen Fußball«. Was es damit auf sich hat, zeigt sich im Innenteil auf ganzen 14 Seiten. Schumacher beschäftigt sich da mit einem Thema, das bis dahin tabuisiert worden war: Doping! Schumacher: »Beim Training habe ich ein Medikament mit Dopingwirkung ausprobiert. Captagon heißt das Zeug (...) Diese Substanz fördert die Angriffslust, erhöht die Ausdauer und die Widerstandsfähigkeit. (...) In der Bundesliga hat Doping seit langem Tradition.«

Wenn der Autor schon einmal angefangen hat, Tabuthemen anzusprechen, kann er so schnell nicht wieder aufhören: Er beschäftigt sich mit den sexuellen und alkoholischen Ausschweifungen seiner Kollegen, geht sogar so weit, bezahlte, unter medizinischer Kontrolle stehende Liebesdienerinnen für die DFB-Quartiere zu fordern, um dem sexuellen Notstand der damals oft noch über Wochen kasernierten Spieler abzuhelfen. Gleich am ersten Abend nach der Veröffentlichung reagiert der 1. FC Köln: Schumacher wird für das nächste Spiel in Frankfurt gesperrt. Auch der DFB äußert sich öffentlich: Toni wird für den nächsten Lehrgang der Nationalmannschaft ausgeladen und als Kapitän des Teams abgesetzt. Nach 422 Spielen für Köln und 76 Länderspielen muss er das Tor räumen und die Nummer 1 abgeben. Das Buch beendet seine Karriere – sowohl in Köln als auch in der deutschen Nationalmannschaft. Tage- und wochenlang gibt es nur ein Hauptthema in den Medien: der »Anpfiff«, der für Schumacher den Abpfiff bedeutet hat. In Deutschland verkauft sich das Buch 300.000 Mal, es wird in 15 Sprachen übersetzt und erreicht weltweit eine Auflage von 1,5 Millionen.

> **»MEIN PROBLEM IST, DASS ICH IMMER SEHR SELBSTKRITISCH BIN, AUCH MIR SELBST GEGENÜBER.« (ANDREAS MÖLLER)**

Schumacher selbst hat sich nie dazu verleiten lassen, die Veröffentlichung als Fehler zu bezeichnen, sein Resümee heißt: »Lieber ein Knick in der Laufbahn als im Rückgrat.« Darüber hinaus hat sein Buch einen Prozess beschleunigt, der ohne seine Dopinganschuldigungen sicher wesentlich länger gedauert hätte. Denn schon kurz nach der Aufregung um den »Anpfiff« wurden in der Bundesliga Dopingkontrollen eingeführt.

131

BESUCH. Bernd Schuster nimmt in Zivilkleidung Platz auf der Leverkusener Bank. Eine erneute Provokation des »blonden Engels«.

»BEI DIESER GROSSEN ANZAHL VON FUSSBALLSPIELEN MÜSSTE MAN DIE NEUN-TAGE-WOCHE ERFINDEN.«
(PAUL BREITNER)

BERND

SCHUSTER

Abfindung zum Abschied

Die Karriere von Bernd Schuster war nicht arm an Erfolgen. In der Bundesliga groß geworden beim 1. FC Köln, ging er 1980 nach Spanien und errang dort als einziger Ausländer Titel mit den drei großen Clubs Real Madrid, FC Barcelona und Atlético Madrid. Er wurde 1980 Europameister mit der deutschen Nationalmannschaft, holte mit Barcelona 1982 den Europapokal der Pokalsieger und wurde zweimal zum besten Spieler der Primera División gewählt. Schuster war ein genialer Mittelfeldspieler, er schlug Pässe aus dem Fußgelenk und schoss herrliche Tore. Sein Spitzname: der »blonde Engel«.

Aber überall gab es Ärger mit ihm. In Barcelona saß er ein Jahr lang auf der Tribüne, weil er sich nicht verkaufen lassen wollte. Barça musste eine Millionenabfindung zahlen. Als Franz Beckenbauer den begnadeten Fußballer, der wegen eines Streits mit dem vorigen Bundestrainer Derwall seinen Rücktritt aus der Nationalmannschaft erklärt hatte, vor der WM 1986 für das Team zurückgewinnen wollte, forderte Schuster vom DFB eine Millionensumme. Der DFB blieb hart und Schuster bei 21 Länderspielen.

Konflikte gab es auch bei Schusters letztem, von 1993 bis 1996 währendem Bundesliga-Gastspiel in Leverkusen. Noch im Frühjahr 1995 hatte Trainer Erich Ribbeck ihn beim 0:3 im UEFA-Pokalhalbfinale in Parma zum Libero gemacht, anschließend aber auf die Tribüne verbannt. Es folgte ein »Waffenstillstand«. Als Schuster im Bundesliga-Spiel der Saison 1995/96 beim VfB Stuttgart eingewechselt wurde, drehte er quasi im Alleingang die Partie. Bayer siegte noch 4:1. Das war im September. Ende Oktober gab Leverkusens Manager Calmund ein Interview, in dem er Schuster für die Defensive nur noch Kreisligaformat bescheinigte. Daraufhin schaltete der beleidigte Engel seine Anwälte ein und forderte Schmerzensgeld. Nach dieser Eskalation folgte die Provokation. Obwohl Schuster für das Spiel gegen den HSV am 3. November 1995 aus dem Kader gestrichen worden war, setzte er sich demonstrativ auf die Bank. Damit hatte er auch die Mannschaft gegen sich aufgebracht, die ihn als Kapitän abwählte. Am 8. November wurde Schuster gefeuert, doch es war noch lange nicht Schluss im Drama um die Diva. Schuster erwirkte in einem Eilverfahren vor dem Arbeitsgericht, dass er ab 17. Januar wieder am Training teilnehmen durfte. Während er mit B-Jugend-Trainer Thomas Hörster Lauftraining absolvierte, legte der Spieler via Spiegel-Interview seine Forderungen offen: 8,8 Millionen Mark dafür, dass er sich mit der Auflösung des bis 1998 laufenden Kontrakts einverstanden erkläre.

Leverkusen schaltete den DFB ein, der wiederum Dortmunds Präsident und Rechtsanwalt Dr. Gerd Niebaum mit der Leitung der Schlichtungsverhandlung beauftragte. Aber auch die scheiterte nach sieben Stunden ergebnislos. Erst am 14. März 1996 kam es zu einer Einigung, die Parteien nahmen einen von Dr. Niebaum schriftlich ausgearbeiteten Vergleichsvorschlag an. Bayer zahlte drei Millionen Mark, um Schuster endgültig loszuwerden. Dies war der unrühmliche Höhepunkt einer großen Karriere, die Bernd Schuster anschließend in Mexiko ausklingen ließ.

Der geniale Fußballer allerdings blieb den Fans noch lange im Gedächtnis. Schusters Treffer im Spiel gegen Eintracht Frankfurt aus dem August 1994 wurde beispielsweise beim Wettbewerb der ARD nicht nur zum Tor des Jahres gewählt. Es erhielt später auch noch den Ehrentitel Tor des Jahrzehnts.

»GELD SCHIESST KEINE TORE.« (OTTO REHHAGEL)

SUPERCUP. Uli Stein liegt am Boden, hat Jürgen Wegmann niedergestreckt. Rechts bejubelt Roland Wohlfarth den Siegtreffer.

ULI STEIN

Rausschmiss nach Faustschlag

Meister gegen Pokalsieger: Das Supercup-Duell am 28. Juli 1987 in Frankfurt heißt Bayern (Meister) gegen HSV (Pokalsieger). Beide Mannschaften haben neue Trainer, beide Vereine vor der Saison mächtig aufgerüstet. Bei Bayern hat Jupp Heynckes den Erfolgstrainer Udo Lattek beerbt, beim HSV heißt der Nachfolger von Ernst Happel Josip Skoblar. Die Münchner haben unter anderem Stürmer Jürgen Wegmann verpflichtet, die Hansestädter Mittelfeldregisseur Uwe Bein. Für beide Teams ist die Begegnung im Supercup mehr als nur ein lästiges Pflichtspiel um einen ungeliebten Pokal. Sie ist ein Prestigeduell und dient ihnen als Standortbestimmung vor Beginn der Saison.

Der HSV beginnt stark. Macht auch das 1:0 durch Miroslav Okonski (39.) mit einem Zaubertor in den Winkel. Dann aber gleicht Wegmann aus – und HSV-Keeper Uli Stein wird mächtig wütend. Denn drei Spieler der Bayern hatten zuvor im Abseits gestanden, Schiedsrichter Dieter Pauly und sein Linienrichter aber weiterspielen lassen. Bei der nächsten Aktion drischt Stein einen Abschlag unmotiviert, lustlos und voller Absicht ins Seitenaus. Ein deutliches Zeichen für all die, die den Vulkan zwischen den Pfosten der Hamburger in den letzten Jahren kennengelernt haben: Stein, vom Ehrgeiz zerfressen, steht kurz vor der Explosion.

Es dauert bis zur 87. Minute. Münchens Michael Rummenigge flankt, Hans Pflügler köpft, vom Pfosten springt der Ball Wegmann vor die Füße, der das Leder zum 2:1 über die Linie drückt. Da rastet Stein endgültig aus, rammt dem Torschützen seine Faust ins Gesicht. Dieter Pauly zieht die Rote Karte – Platzverweis! Noch im Kabinengang tagt der HSV-Kriegsrat mit Trainer Skoblar, Präsident Klein, Manager Magath, Kotrainer Schock. Und zu Hause in Hamburg äußert sich Ex-Nationalspieler Jürgen Werner, dessen Wort auch beim Deutschen Fußball-Bund Gewicht besitzt: »Uli Stein ist ein riesiges Problem für den Verein und die Mannschaft.«

Stein, der sich zu jener Zeit für den besten deutschen Torhüter hielt, aber Harald (Toni) Schumacher vor der Nase hatte, war schon in den Monaten zuvor des Öfteren aufgefallen. Bei der WM 1986 in Mexiko im deutschen Aufgebot, hatte er Teamchef Franz Beckenbauer als Suppenkasper bezeichnet und war daraufhin vorzeitig nach Hause geschickt worden. Ende 1986 wurde er vom DFB wegen Schiedsrichterbeleidigung für sechs Wochen gesperrt. Gerade hatte er versucht, mit versöhnlichen Briefen an Beckenbauer und den DFB seine Rückkehr in die Nationalmannschaft vorzubereiten – und nun das, dieser Ausraster im Supercupspiel. DFB-Präsident Hermann Neuberger: »Er ist ein Mann, der sich nicht beherrschen kann. Schade.«

Das Urteil des DFB-Sportgerichts: zehn Spiele Sperre, 3.000 Mark Geldstrafe. Weit drastischer war die Sanktion der Hamburger: Stein wurde suspendiert und im Alter von 32 Jahren aus dem Kader des HSV aussortiert. Seine Jahre in der Hansestadt, die mit dem Europacup-Triumph beim 1:0 über Juventus Turin 1983 gekrönt worden waren, fanden nun ein jähes Ende. Einige Monate nach dem Supercupfinale wechselte Stein zur Frankfurter Eintracht, seine Bundesliga-Karriere beendete er erst zehn Jahre später bei Arminia Bielefeld.

135

**DRAGOSLAV
STEPANOVIĆ**

»Lebbe geht weider«

Letzter Spieltag der Saison 1991/92. Punktgleich gehen Frankfurt, Stuttgart und Dortmund in den 38. und letzten Spieltag. Aber das Torverhältnis (+36) spricht für die Eintracht vor dem VfB (+29) und dem BVB (+18). Ein Sieg bei den tief im Abstiegskampf steckenden Rostockern reicht also, um die Eintracht erstmals in der Bundesliga-Geschichte zum Meister zu machen.

Der Meisterkrimi im Zeitraffer: Bei Halbzeit wähnt sich Dortmund am Ziel. Das 1:0 durch Stéphane Chapuisat in Duisburg würde reichen. Denn Frankfurt (0:0 bei Hansa) und Stuttgart (1:1 in Leverku-

136

sen) drohen Punktverluste. Doch dann die Schlussphase der zweiten Halbzeit. In der 86. Minute köpft Guido Buchwald den VfB in Führung. In Rostock trifft Stefan Böger in der 89. Minute für die Heimmannschaft zum 2:1. Dabei bleibt es bis zum Schluss. Der VfB ist Meister, die Eintracht am Boden zerstört.

Anschließend steigt in Rostock eine Pressekonferenz, auf der Frankfurts Trainer Dragoslav Stepanović in bestem Serbo-Hessisch resümiert, was ihn nach dem dramatischen Spiel besonders bewegt: »Es tut mir leid für unsere Mannschaft, die über die ganze Saison gesehen eine tolle Leistung gebracht hat. Heut' war sie zu nervös, wollte wie ein Boxer mit einem Schlag alles erledigen. Ma' Pech, ma' Glück.« Dann folgt der Satz, der Stepanović berühmt machen wird: »Lebbe geht weider.«

»Stepi«, so sein Spitzname, war zu seiner aktiven Zeit einer der weltbesten Verteidiger, spielte in den 1970ern auch zwei Jahre für die Eintracht. Er hatte sich als Gastronom in Frankfurt niedergelassen und einige unterklassige Vereine trainiert, bevor ihn der damalige Eintracht-Vizepräsident Bernd Hölzenbein »ausgegraben« und zum Chefcoach gemacht hatte. Unter ihm spielte die Eintracht attraktiv und offensiv – fast bis zum Titelgewinn. Der legendäre Spruch vom Leben, das auch nach großen Enttäuschungen weitergeht, wurde zum Bonmot und zu »Stepis« Markenzeichen.

Das reichte bis zu einer eigenen TV-Show, die der Serbe zwischen Oktober 2005 und April 2007 im Regionalsender Rhein-Main-TV moderierte. Natürlich erschien – im Jahr 2013 – auch ein Buch, das seinen Spruch im Titel trug. Nur über die richtige Schreibweise von Stepis philosophischem Merksatz streiten sich die Hessischexperten bis heute. Der Buchtitel lautet »Lebbe geht weider«. Aber andere bestehen darauf, es müsse »weida« statt »weider« heißen.

> »IN ERSTER LINIE STEHE ICH VOLL HINTER DEM TRAINER, IN ZWEITER LINIE HAT ER RECHT.«
> (OLAF THON)

TYPISCH. Den Stumpen in der rechten, das Feuerzeug in der linken Hand. Dragoslav Stepanović beim verlorenen Meisterschaftsfinale in Rostock.

MORITZ STOPPELKAMP

Das Tor aus 81,98 Metern

Der SC Paderborn, gerade in die oberste deutsche Spielklasse aufgestiegen, stürmte in der Saison 2014/15 sogar bis an die Bundesliga-Tabellenspitze. Nach vier Begegnungen lagen die Ostwestfalen auf Platz eins vor Mainz, Hoffenheim und den großen Bayern (alle acht Punkte). In solchen Momenten gelingt einfach alles.

Am vierten Spieltag hatten die Paderborner zu Hause Hannover 96 zu Gast. Bis zur 90. Minute stand es 1:0 für die Heimmannschaft. Dann nahm Moritz Stoppelkamp Maß.

Der Mittelfeldspieler geriet in der eigenen Hälfte in arge Bedrängnis und wagte einen Befreiungsschlag. Der Ball flog und flog ... bis er direkt im Tor der Hannoveraner landete. Stoppelkamp hatte in der letzten Minute zum 2:0 getroffen – aus 81,98 Metern! Noch nie hatte ein Bundesliga-Profi aus solch einer großen Entfernung ein Tor erzielt.

Stoppelkamp selbst erzählte es so: »Ich habe das leere Tor gesehen und einfach draufgeknallt. Als der Ball durch die Luft flog, dachte ich: Oh, der kann ja reingehen!« Und der Ball trudelte wirklich direkt neben dem Pfosten über die Torlinie. Mit seinem Treffer ließ Stoppelkamp mehrere Distanzschützen, darunter einige mit prominentem Namen, hinter sich. Giorgos Tzavelas (Frankfurt) hatte aus 73 Metern getroffen, Klaus Allofs (Köln) aus 70, Diego (Bremen) aus 62, Alex Alves (Hertha) aus 52 Metern. Bernd Schusters 48-Meter-Treffer für Leverkusen war 1994 zum Tor des Jahres gewählt worden. Die Auszeichnung »Tor des Monats« im September 2014 erhielt nun auch Stoppelkamp. Bei der Wahl zum Tor des Jahres allerdings hatte er gegen Mario Götzes Weltmeistertreffer keine Chance.

KUNSTSCHUSS. Moritz Stoppelkamp lauscht den Anfeuerungsrufen der Paderborner Fans. Ihm gelang das aus der weitesten Entfernung erzielte Tor der Bundesliga-Geschichte.

CARMEN

HOMAS

Schalke 05 als angeblicher Stolperstein

Am 3. Februar 1973 fand eine TV-Premiere statt: Mit Carmen Thomas, die an diesem Abend im Aktuellen Sportstudio des ZDF vor die Kameras trat, führte erstmals eine Frau im deutschen Fernsehen durch eine Sportsendung. Eine Sendung zumal, bei der der Bundesliga-Fußball immer einen ganz zentralen Stellenwert besaß. Doch schon bald sollte die erfahrene Journalistin, die bereits 1968 das Morgen-Magazin für den WDR moderiert hatte, mitbekommen, dass die Männer nicht so schnell bereit waren, sich ihre bisherige Domäne streitig machen zu lassen.

Vor ihrer zweiten Sendung musste Thomas erfahren, dass die Bild am Sonntag bereits einen fix und fertigen Verriss aufgesetzt hatte. Die Ausgabe des Blatts mit dem Kommentar zu ihrem Auftritt lag schon vor Sendebeginn an den Kiosken aus. Doch sie reagierte umgehend und scharf, las die Kritik der Livesendung im Aktuellen Sportstudio selbst vor: »Sie brauchen heute nicht zuzuschauen, weil eine große deutsche Zeitung schon weiß, wie ich heute sein werde.«

Medialen Wirbel gab es ein halbes Jahr später um einen Versprecher, der Carmen Thomas in der Sendung vom 21. Juli 1973 herausgerutscht war: »FC Schalke 05 gegen – jetzt hab ich's vergessen – Standard Lüttich.« Wiederum das große deutsche Boulevardblatt veröffentlichte die Geschichte auf Seite eins, allerdings erst 18 Tage später und mit der falschen Behauptung garniert, Carmen Thomas sei entlassen worden. Der »Schalke 05«-Versprecher kann sie jedenfalls ihre Funktion beim Aktuellen Sportstudio nicht gekostet haben, denn sie moderierte die Sendung danach noch eineinhalb Jahre weiter. Ihren Posten dort gab sie erst auf, nachdem sie sich – wie viele Kollegen in dieser Zeit (zu) oft als freie Mitarbeiterin eingesetzt – in eine Festanstellung beim WDR geklagt hatte. Später wurde sie WDR-Programmgruppenleiterin, die Zeitschrift Forbes zählte sie 1990 zu den 100 einflussreichsten Frauen Deutschlands.

Über 30 Jahre später, in einer Sendung des ZDF-Nachstudios vom Mai 2006 lieferte Carmen Thomas nachträglich eine weitere Erklärung für die einstige Kampagne gegen sie. Die habe eigentlich dem damaligen ZDF-Sportchef Hanns Joachim Friedrichs gegolten, der gegen interne Widerstände beim ZDF neuer Hauptabteilungsleiter Sport geworden war. Friedrichs hatte sich nach ihren Worten zum Ziel gesetzt, Sport und Fußball anders, das heißt niveau- und qualitätvoller, zu präsentieren als zuvor – mit Unterstützung von Journalisten, die mehr waren als reine Sportmoderatoren, Diejenigen, die innerhalb des Senders dagegen Sturm gelaufen seien, hätten sich der Bild-Zeitung bedient, um Opposition gegen Friedrichs zu machen. Sie sei dabei nur stellvertretend zur Zielscheibe geworden.

So oder so: Carmen Thomas hat eine Vorreiterinnenrolle im deutschen Fußball- und Sportjournalismus innegehabt. Inzwischen gehören auch weibliche Gesichter längst zum Alltag der Berichterstattung vom Bundesliga-Geschehen.

140

PREMIERE. Als erste Frau moderierte Carmen Thomas 1973 das »Aktuelle Sportstudio« im ZDF. Hier posiert sie mit der Torwand.

»DIE BUNDESLIGA WOLLTE MICH NICHT, ALSO MUSSTE ICH IN DIE BUNDESLIGA KOMMEN.«
(EDUARD GEYER NACH DEM AUFSTIEG MIT ENERGIE COTTBUS)

KLAUS TOPPMÖLLER

7:4 nach 1:4 – die große Aufholjagd

Im Alter von sechs Jahren setzte ihn sein Vater aufs Motorrad und fuhr mit ihm von seinem Geburtsort Rivenich an der Mosel ins benachbarte Trier, um dort den großen FCK mit den Weltmeistern Fritz Walter, Eckel und Liebrich spielen zu sehen. Da begann eine Beziehung, die für Klaus Toppmöller zur Liebe seines Lebens wurde: die mit dem 1. FC Kaiserslautern. Aber Lautern liebte auch ihn, den Mittelstürmer und Torjäger.

Besonders seit jenem 20. Oktober 1973 und einem Spiel, von dem sie noch heute rund um den Betzenberg erzählen: dem 7:4 gegen den FC Bayern München. Elf Tore in einem Match sind an sich schon etwas Besonderes. Aber dieses Spiel übertraf alles, was zwischen Lautern und Bayern je passiert ist.

Die Münchner führten schnell mit 2:0 durch zwei Treffer von Bernd Gersdorff. Da waren gerade zwölf Minuten gespielt. Gerd Müller machte vor der Pause noch das dritte Tor, danach verließen die ersten Lauterer Fans schon frustriert das Stadion. Der Betzenberg bebte nicht, der Betze war totenstill. Als Seppl Pirrung kurz vor dem Pausenpfiff auf 1:3 verkürzte, sah die Elf von Erich Ribbeck wieder eine kleine Chance. Klaus Toppmöller, der eine Saison zuvor von den Lauterern verpflichtet worden war und in diesem Spiel in der ersten Halbzeit als Mittelstürmer wie alle Lauterer ziemlich wenig Land gesehen hatte, blickt zurück: »Wie heute erinnere ich mich an die Stimmung in der Kabine. Wir haben uns gesagt: Komm, wir versuchen es, wir geben noch einmal alles.« Aber die Bayern waren es, die nachlegten. Gerd Müller erzielte nach 57 Minuten das 1:4. Eine Demütigung bahnte sich an. Bis …

… Klaus Toppmöller schon eine Minute später aus gut 15 Metern per Kopf den Ball zum 2:4 über Sepp Maier ins Netz wuchtete. »Es war wie ein Ruck, der durch die Mannschaft, durch das ganze Stadion ging. Danach brachen alle Dämme. Zuschauer, die schon das Stadion verlassen hatten, kamen zurück. Und uns gelang einfach alles.« Die letzten 30 Minuten wurden nicht nur für Toppmöller zu einem unvergesslichen Erlebnis. Zunächst nutzte wiederum Pirrung einen verunglückten Abwurf von Sepp Maier zum 3:4. Der Ausgleich fiel nach einer einstudierten Freistoßvariante, die erneut Pirrung im Nachschuss verwertete. Toppmöller köpfte ein weiteres Tor, aber Schiedsrichter Horst Bonacker erkannte auf Foulspiel und annullierte den Treffer. Der Betze kochte. Nachdem Doppeltorschütze Bernd Gersdorff des Feldes verwiesen worden war, gelang Lauterns Kapitän Ernst Diehl der erlösende und 20 Minuten zuvor noch völlig utopisch scheinende Führungstreffer. Herbert Laumen legte schließlich zwei Treffer drauf. 7:4 nach 1:4 – das hatte es nie zuvor in der Bundesliga-Geschichte gegeben und würde es auch die folgenden 40 Jahre nie wieder geben.

142

GESCHLAGEN. Der große Sepp Maier reckt sich vergebens. Klaus Toppmöller (rechts) hat getroffen und läutet so den historischen 7:4-Sieg des 1. FC Kaiserslautern gegen Bayern München ein.

GIOVANNI
TRAPATTONI

Die legendäre Wutrede

An der Seitenlinie stand der erste italienische Trainer in der Bundesliga stets im feinen Zwirn. An jenem 10. März 1998 aber kam Giovanni Trapattoni, seit 1996 zum zweiten Mal beim FC Bayern unter Vertrag, im Trainingsanzug zur Pressekonferenz. Was er anschließend vor den Kameras und Mikrofonen sagen wollte, hatte er zuvor akribisch auf einem Zettel notiert. Es geriet ihm zu einem der spektakulärsten Auftritte der Bundesliga-Mediengeschichte. Allein das Video auf YouTube mit Traps Wutrede wurde mehr als 1,6 Millionen Mal angeklickt.

Dreimal hatten die Bayern zuletzt in der Bundesliga verloren, zwei Tage zuvor mit 0:1 gegen Schalke 04.

KULTTRAINER. Der Italiener Giovanni Trapattoni erlangte durch eine Wutrede mit wunderschönen Wortkreationen Kultstatus.

Da platzte dem »Mister« der Kragen. In einem Kauderwelsch aus Deutsch und Italienisch, gespickt mit neuen Wortkreationen und abenteuerlichen Satzkonstruktionen, setzte Trapattoni zu einer schonungslosen Abrechnung mit seinen Spielern an. Auszüge:

– »Ein Trainer seien nicht ein Idiot. Ein Trainer sehen, was passieren in Platz. In diese Spiel, wie zwei oder drei, diese Spieler waren schwach wie eine Flasche leer.«

– »Welche Mannschaft hat gespielt Mittwoch? Hat gespielt Mehmet, or hat gespielt Basler or hat gespielt Trapattoni? ... Wissen Sie, warum die Italia-Mannschaft nicht kaufen diese Spieler? Weil wir haben gesehen viele Male dumme Spiel.«

– »Struunz! Strunz is zwei Jahre hier und hat gespielt zehn Spiel. Is immer verletzt. Was erlauben Struuunz?«

Insgesamt dreieinhalb Minuten dauerte die Donnerrede. Sie endete mit dem Kult gewordenen »Ich habe fertig«.

Anschließend beschäftigte sie eine ganze Nation. Die TV-Sender zeigten fast halbstündlich den ebenso emotionalen wie unverstellten Wutausbruch. Sprachwissenschaftler, Trendforscher und Geschäftemacher widmeten sich Trap und seiner Rede. Der Südwestfunk Baden-Baden sendete einen Trap-Rap, in der Harald-Schmidt-Show wurden die Wutworte des Trainers zu einem Running Gag. Nicht nur Sportler, auch Politiker benutzten fortan »schwach wie Flasche leer« oder »ich habe fertig.« T-Shirts wurden bedruckt, Postkarten aufgelegt, Kaffeetassen verkauft.

Dass seine Worte für zahlreiche Lacher sorgten, konnte Trap selbst nicht verstehen. Zwar bekundeten in einer Hörerumfrage von Antenne Bayern 86,5 Prozent ihre Sympathien mit dem Bayern-Trainer und äußerten Zustimmung zu seinen Aussagen. Der aber der fühlte sich gekränkt und bat zwei Monate später um Vertragsauflösung. Die Wirkung der Rede allerdings hat seine Zeit bei den Bayern überdauert, sie ist noch heute legendär.

> **»DAS SIND ALLES HÄTSCHELKINDER UND WASCHLAPPEN. ICH FRAGE MEINE ARBEITER JA AUCH NICHT, OB SIE MOTIVIERT SIND, LEITUNGEN ZU VERLEGEN.« (ELEKTROMEISTER KLAUS SCHLAPPNER)**

ZOLTAN VARGA

Telefonposse im Bundesliga-Skandal

Wenn ältere Hertha-Fans heute den Namen Zoltan Varga hören, schnalzen sie immer noch mit der Zunge. Der ungarische Mittelstürmer war ein begnadeter Techniker, mit Ungarn Olympiasieger 1964 in Tokio, mitverantwortlich für Herthas Aufschwung zwischen 1969 und 1972. Im Juni 1971 lag Hertha auf Platz drei der Bundesliga-Tabelle – ohne Ambitionen nach oben und ohne Gefahr, viel weiter nach unten abzurutschen.

Zoltan Varga hatte schon damals eine bewegte Karriere hinter sich. Zu Hochzeiten des Kalten Krieges hatte er sich bei einer Reise mit der ungarischen Nationalmannschaft in den Westen vom Auswahltross abgesetzt, war anschließend in seinem kommunistischen Heimatland wegen Republikflucht gesperrt und in Abwesenheit sogar zum Tode verurteilt worden. Varga ging nach Lüttich, saß dort seine FIFA-Sperre ab, ehe er nach Berlin kam. In der Zwischenzeit hatte er die Vorzüge des Kapitalismus kennen- und schätzen gelernt. Und plötzlich war er mittendrin im Bundesliga-Skandal.

Am letzten Spieltag der Saison 1970/71 empfing die Hertha den Abstiegskandidaten Arminia Bielefeld. In den ersten 45 Minuten war Varga eher durch Passivität aufgefallen, nun in der Halbzeitpause stürzte er in eine Telefonkabine, während nebenan Reporter ihre Berichte durchgaben. Der Spieler rief seine Frau an. Das Gespräch soll laut einem großen deutschen Nachrichtenmagazin ziemlich kurz gewesen sein: »Ist das Geld schon da?« – »Nein.« – »Diese Schweine, sie wollen ohne uns Ausländer abkassieren. Aber denen mache ich die Sache kaputt.«

Varga war, neben mehreren anderen Berliner Spielern, eine Extraprämie in Höhe von 40.000 Mark versprochen worden – für eine Niederlage seiner Hertha gegen Bielefeld. In der zweiten Hälfte, total sauer, drehte er nun mächtig auf, hämmerte einen Ball an die Latte – und wurde daraufhin von seinen Mitspielern geschnitten. Bielefelds Rechtsaußen Gerd Roggensack, diesmal auf der linken Seite gegen den »gekauften« Bernd Patzke eingesetzt, erzielte das 1:0 für die Arminia und sicherte so den Klassenerhalt für Bielefeld.

Das Telefonat wurde zu einem Teil des Bundesliga-Skandals, den der Präsident von Kickers Offenbach, Horst-Gregorio Canellas, am Tag darauf mittels Tonbandaufnahmen von Gesprächen mit heiklem Inhalt öffentlich machte. Heraus kam, dass an den letzten acht Spieltagen der Saison 1970/71 insgesamt 18 Spiele nachweislich gekauft worden und zehn Mannschaften in die Schiebereien verwickelt waren. Die höchste Summe hatte Hertha BSC eingesteckt: 260.000 Mark für eine Niederlage gegen Bielefeld am letzten Spieltag. Fünf Jahre lang wurde ermittelt und verhandelt, schließlich gab es drastische Strafen. Bielefeld wurde die Lizenz entzogen, gesperrt wurden insgesamt 50 Profis, darunter auch Nationalspieler wie Klaus Fischer oder Rolf Rüssmann, und 15 Berliner, dabei natürlich auch Zoltan Varga.

Der große Ungar setzte seine Spielerkarriere zunächst in Schottland und den Niederlanden fort, bevor er zur Saison 1974/75 noch einmal nach Deutschland zum damaligen Zweitligisten Borussia Dortmund kam. Bis zum Anfang der 2000er arbeitete

er als Trainer. Vom Fußball konnte er auch danach nicht lassen – am 9. April 2010 starb er bei einem Seniorenspiel in Budapest, als er in der Halbzeitpause mit Herzversagen zusammenbrach.

GENIE. Der Ungar Zoltan Varga war ein genialer Spieler und mittendrin im Bundesliga-Skandal.

JÜRGEN WEGMANN

Die Kobra rettet Dortmund in letzter Sekunde

Es ist der Pfingstmontag des Jahres 1986 und brütend heiß. Borussia Dortmund steht mit einem Bein in der 2. Bundesliga, muss in der Relegation gegen Fortuna Köln ein 0:2 aus dem Hinspiel aufholen. Es wird der größte Krimi in Borussias Vereinsgeschichte.

Denn der Zweitligist legt auch in Dortmund ein Tor vor. Bernd Grabosch trifft, mit dem 0:1 geht es in die Pause. Die Beine der Dortmunder sind schwer. Die Nerven, die Hitze. In den zweiten 45 Minuten rappeln sich die Spieler des BVB noch einmal auf. Michael Zorc gleicht per Foulelfmeter aus (54.). Da die Regel vom doppelt zählenden Auswärtstor noch nicht gilt, braucht Dortmund jetzt zwei weitere Tore zur Rettung. Marcel Raducanu macht per Kopf das 2:1 (68.). Noch 22 Minuten. Es wird ein Sturmlauf gegen den Abstieg. Aber der Ball will einfach nicht rein. Bis zur 90. Minute nicht. Da schießt Ingo Anderbrügge, der Ball wird abgewehrt, Jürgen Wegmann ist zur Stelle, erzielt das 3:1. Schiedsrichter Schmidhuber pfeift das Spiel erst gar nicht mehr an.

Ausgerechnet Wegmann, Spitzname Kobra. »Ich bin die giftigste aller giftigsten Schlangen«, hatte er einst von sich selbst gesagt. Vor dem Spiel war bekannt geworden, dass er für die neue Saison zum Erzrivalen Schalke 04 wechseln würde. »Judas, Judas«, riefen sie von der Tribüne. Ausgerechnet dieser Wegmann rettet also Dortmund unter Trainer Reinhard

Saftig die Liga, mit einem Tor in allerletzter Sekunde. Am 30. Mai 1986 findet ein Entscheidungsspiel statt. Dortmund gewinnt 8:0 und rettet die Erstklassigkeit.

148

ERLÖSUNG. Jürgen Wegmann erzielt in letzter Minute das 3:1 gegen Fortuna Köln und verhindert so 1986 den drohenden Dortmunder Abstieg.

HERBERT WIDMAYER

Der erste Trainerrauswurf

Herbert Widmayer war zu seiner Zeit eine Trainerlegende. Erstmals nach 1948 hatte er 1961 den Abonnementmeister früherer Jahre, den 1. FC Nürnberg, wieder an die Spitze des deutschen Fußballs geführt. Der Club holte den Titel mit lauter Spielern aus Franken. Die Elf um Weltmeister Max Morlock stand auch 1962 im Endspiel um die Meisterschaft, gewann in diesem Jahr außerdem den DFB-Pokal. Mit entsprechenden Erwartungen startete der 1. FC Nürnberg 1963 in die neu gegründete Bundesliga.

Aber Geduld gehörte nicht zu den Stärken der Franken. Bereits nach dem neunten Spieltag riss bei ihnen der Faden. Der Club hatte die drei Begegnungen zuvor sang- und klanglos verloren und nun beim Heimspiel gegen den 1. FC Kaiserslautern eine saftige 0:5-Niederlage einstecken müssen. Widmayer war zunehmenden Anfeindungen aus dem Kreis der Nürnberger Fans ausgesetzt; die Vereinsführung legte ihm nahe, er möge, um der vermeintlichen nervlichen Belastung zu entgehen, aus gesundheitlichen Gründen von seinem Posten zurücktreten. Der Trainer, der sich durchaus gesund fühlte, verstand die Anspielung. Am 30. Oktober 1963, vier Tage nach der Heimniederlage der Nürnberger gegen Lautern, packte er seine Koffer. Widmayer kehrte anschließend nur noch einmal im Jahr 1968 für zwei Spiele als Übergangstrainer beim Karlsruher SC in die höchste deutsche Spielklasse zurück. Aber er konnte wenigstens den wenn auch ein wenig zweifelhaften Ruhm für sich beanspruchen, die Hauptfigur bei der ersten Trainerentlassung der Bundesliga-Geschichte gewesen zu sein.

PROMINENTE BANK. In der Mitte Bundestrainer Helmut Schön, links sein Nachfolger Jupp Derwall, rechts Chefausbilder Herbert Widmayer.

»DIE HABEN MIR FÜNFZIG PROZENT VERSPROCHEN, ICH HAB DAS SCHRIFTLICH. UND JETZT WOLLEN DIE MICH MIT ZWEI DRITTELN ABSPEISEN.« (HORST SZYMANIAK)

HELMUT WINKLHOFER

Eigentor als Tor des Monats

»Ich kann zwar immer noch darüber lachen. Aber kommentieren will ich dieses Tor nicht mehr. Es reicht.«

Helmut Winklhofer mag nicht mehr. Immer und immer wieder wird seine Profikarriere auf diese eine Peinlichkeit reduziert. Zehn Jahre lang hat er für den FC Bayern und für Bayer Leverkusen verteidigt, Titel gewonnen, in 140 Bundesliga-Spielen auch acht Tore erzielt. Im Gedächtnis geblieben aber ist die eine große Panne: sein Treffer aus rund 35 Metern in den eigenen Kasten, der auch noch zum Tor des Monats gewählt wurde.

Am 10. August 1985 mussten die Bayern zum Saisonauftakt nach Uerdingen. Für Winklhofer das erste Spiel im Trikot der Münchner nach seiner Rückkehr aus Leverkusen. Unzählige Male hat er erzählt, was in der 34. Minute passierte: »Ich stand ungefähr 15 Meter von der Mittellinie in der eigenen Hälfte, als ein Querpass auf mich zukam. Ich wollte den Ball eigentlich nur über den Fuß meines Gegenspielers lupfen. Doch daraus wurde leider ein richtig schöner Weitschuss.« Der von Winklhofer Richtung Bayern-Tor geschlagene Ball flog und flog und flog etwa 35 Meter weit, bis er sich über Torwart Jean-Marie Pfaff hinweg in den rechten Winkel des Münchner Gehäuses senkte – zum 1:0 für Uerdingen. Das war auch der Endstand, die Bayern – mit Stars wie Matthäus, Lerby, Augenthaler, Dieter Hoeneß oder Wohlfarth als Favoriten an den Niederrhein gereist – verloren durch das Eigentor gleich ihr erstes Saisonspiel.

RÜCKKEHR. Helmut Winklhofer war an Leverkusen ausgeliehen, kehrte 1985 zu den Bayern zurück. In seinem ersten Spiel fabrizierte er ein spektakuläres Eigentor.

Eine besondere Dimension erhielt der Treffer aber erst dadurch, dass mit seiner Nominierung für die Wahl zum Tor des Monats ein bis dato ungeschriebenes Gesetz gebrochen wurde. Erstmals hatten es die Sportschau-Macher gewagt, ein Eigentor unter die fünf schönsten Treffer des Monats aufzunehmen. Winklhofer: Irgendwie wollten sie den FC Bayern damit wohl vorführen.« Als die Einladung der ARD kam, die Siegerplakette persönlich in Empfang zu nehmen, landete der Anruf bei Manager Uli Hoeneß. Der fühlte sich ebenso brüskiert wie Winklhofer und Pfaff. Also verweigerte der FC Bayern die Annahme der Wahl – und sorgte auch deshalb dafür, dass noch Jahre später über das Missgeschick seines Verteidigers geredet wurde.

Winklhofer erhielt seine Auszeichnung übrigens doch noch. Allerdings erst Monate später. Eberhard Stanjek, damals Sportchef des Bayerischen Rundfunks, hatte die Plakette zur obligatorischen Weihnachtsfeier des FC Bayern mitgebracht.

> »GEGEN MEIN TRAINING IST DIE BUNDESWEHR WIE URLAUB.«
> (EDUARD GEYER)

ROLAND WOHLFARTH

Der erste Dopingfall dank Appetitzügler

Nach den Vorwürfen, die »Toni« Schumacher in seinem Buch »Anpfiff« erhoben hatte, führte der DFB 1987 regelmäßige Dopingkontrollen ein. Aber es dauerte acht Jahre, bis der erste Dopingsünder überführt wurde.

Der Übeltäter, den es erstmals traf, war Roland Wohlfarth, Mitte der 1990er als Stürmer in Diens-

DOPINGSÜNDER. Roland Wohlfarth, zum Ende seiner Karriere beim VfL Bochum unter Vertrag, wurde drei Monate gesperrt.

ten des VfL Bochum. Beim Hallenturnier in Leipzig war er am 25. Januar 1995 für die obligatorische Dopingkontrolle ausgelost worden. Der anschließende Test war positiv.

Wohlfarth, der stets zu Übergewicht neigte, hatte sich Weihnachtsspeck angefuttert und ohne ärztliches Attest einen Appetitzügler eingeworfen. Der enthielt unter anderem Norephedrin, eine für ihre stimulierende Wirkung bekannte Substanz, die auf der Dopingliste steht.

Die Folgen für Roland Wohlfarth waren beträchtlich. Arbeitgeber VfL Bochum reagierte wütend, weil der Stürmer eigenmächtig und ohne vorherige Rücksprache mit dem Mannschaftsarzt Medikamente eingenommen hatte. Der Verein belegte ihn mit einer saftigen Geldstrafe in Höhe von 60.000 Mark. Darüber hinaus musste sich Wohlfarth vor dem Sportgericht des DFB verantworten. Nach zwei Verhandlungen inklusive Berufung stand am 16. Februar 1995 das unwiderrufliche Urteil fest: drei Monate Sperre.

Der Betroffene fühlte sich ungerecht behandelt. Wohlfarth: »Ich habe das Zeug ja nicht geschluckt, um schneller oder länger laufen zu können. Für mich ist das kein Dopingfall.« Der DFB sah es ein klein wenig anders. Chefankläger Klaus Hilpert: »Dummheit entschuldigt nichts. Je größer sie ist, desto gefährlicher ist sie.«

> »ANDERE ERZIEHEN IHRE KINDER ZWEISPRACHIG, ICH BEIDFÜSSIG.«
> (CHRISTOPH DAUM)

WOLFRAM WUTTKE

Wie Jupp Heynckes zu Osram wurde

»Wutti«, so sein Spitzname, war ein echter Junge aus dem »Pott«. Direkt, geradeaus, spitzbübisch. Und dazu ein exzellenter Außenstürmer. Zwischen 1979 und 1993 verzückte er die Fans bei Schalke, Gladbach, dem HSV und Kaiserslautern. Gleichzeitig hatte er ein wunderbares Talent dafür, seine Trainer auf die Palme zu bringen. Josef Stabel und Gerd Roggensack suspendierten ihn beim FCK, ebenso Ernst Happel in Hamburg, weil »sein Charakter und seine Leistung nicht konform gegangen sind« (so HSV-Manager Günter Netzer).

Ja, die Trainer hatten es nicht leicht mit dem in Castrop-Rauxel aufgewachsenen Schlawiner. Auch Jupp Heynckes, der Wuttke zwischen 1980 und 1983 in Gladbach trainierte, biss sich an ihm die Zähne aus. Der wuselige Stürmer, der bei der Borussia den Durchbruch und später sogar den Sprung in die Nationalmannschaft schaffte, neigte gleichzeitig immer wieder zu Undiszipliniertheiten und spitzbübischen Ausfällen. So kam es schließlich auch dazu, dass Heynckes von Wuttke seinen respektlosen Spitznamen verpasst bekam.

Der Trainer, damals noch nicht so abgeklärt wie in späteren Zeiten bei den Bayern, war bekannt dafür, dass sein Adrenalinspiegel schnell anstieg und ihm dann die Zornesröte wortwörtlich ins Gesicht schoss. In Anspielung an eine Glühbirnen-Firma nannte Wuttke ihn dafür »Osram«. Wuttke später in einem Interview: »Ich habe mir den Namen gar nicht

154

ausgedacht. Aber ich war der Dumme, der ihn ausplauderte. Als sein Kopf mal wieder hochrot anlief und ich das mit dem Satz ›der glüht ja wieder wie eine Osram-Birne‹ kommentierte, stand ein Journalist neben mir. Am nächsten Tag war es in der Zeitung zu lesen.«

Wuttke, dessen größte Erfolge der Gewinn der Bronzemedaille bei den Olympischen Spielen 1988 in Seoul und der DFB-Pokalsieg mit Kaiserslautern 1990 waren, kam trotz seiner Eskapaden auf immerhin 299 Bundesliga-Spiele und 66 Tore. Nach einer Schulteroperation, die ihn zum Sportinvaliden machte, musste er an seiner letzten Station Saarbrücken ohne ein weiteres Spiel passen. Er verstarb am 1. März 2015 viel zu früh an den Folgen einer Leberzirrhose.

SPEKTAKEL GARANTIERT. Wolfram Wuttke sorgte immer für einen hohen Unterhaltungsfaktor. Hier eine typische Szene beim Länderspiel 1986 gegen Spanien, als er eine Flanke mit dem Außenrist vors Tor zirkelt.

ANTHONY YEBOAH

Aufstand gegen Heynckes in Frankfurt

Es ist ein grauer, kalter Tag. Entsprechend lustlos traben die Stars der Frankfurter Eintracht über den Trainingsrasen. So provozierend lustlos, dass Coach Jupp Heynckes der Kragen platzt. Einen Tag vor dem Bundesliga-Spiel gegen den HSV setzt er ein Sondertraining an. Jay Jay Okocha, Anthony Yeboah und Maurizio Gaudino werden am 2. Dezember 1994 zur Extrarunde gebeten. Das Straftraining wird getarnt als »zweite Übungseinheit«.

Aber die Stars wollen sich ihre Bestrafung nicht gefallen lassen: Sie proben den Aufstand und treten in den Streik. Fein der Reihe nach melden sich erst Yeboah, dann Okocha und schließlich Gaudino in den Krankenstand ab. Yeboah erscheint abends nicht einmal mehr zur angesetzten Spielersitzung im Mannschaftshotel. Schon zuvor hat er geäußert: »Wenn ich zweimal trainieren muss, kann ich am nächsten Tag nicht spielen.« Die Reaktion von Heynckes: Er wirft dem Trio mangelnde Berufsauffassung vor und suspendiert es bis auf Weiteres. Besonders Yeboah, in den Jahren zuvor zweimal Bundesliga-Torschützenkönig und damit auch ein Garant für Spitzenplätze der Eintracht, fühlt sich daraufhin zutiefst in seiner Ehre gekränkt. »Ich wollte der beste Spieler Ghanas werden, aber mit Trainer Heynckes kann ich nichts mehr erreichen.«

Ganz Frankfurt diskutierte – und schlug sich zunächst auf die Seite des Startrainers. Denn war es wirklich zu viel verlangt, dass Fußballstars mit einem Jahresgehalt von bis zu drei Millionen Mark zweimal am Tag trainierten? Allmählich wurde auch die Vorgeschichte des Eklats bekannt, der im Straftraining gemündet war: Heynckes hatte Monate zuvor Yeboah kritisiert, dass der übergewichtig sei und zu schlecht Deutsch spreche. Gaudino war von ihm bereits Anfang Oktober zeitweise in die Nachwuchsmannschaft versetzt worden. Und auch Supertechniker Okocha war bei Heynckes nicht wohl gelitten, zu eigensin-

---

»WENN ICH AM ENDE VORN STEHE, KÖNNEN MICH DIE LEUTE AUCH ARSCHLOCH NENNEN. DAS IST MIR EGAL.« (MATTHIAS SAMMER ZU SEINEM SPITZNAMEN »MOTZKI«)

STÜRMERSTAR. Anthony Yeboah war 1993 und 1994 Torschützenkönig der Bundesliga.

nig sei er, spiele nicht mannschaftsdienlich genug. Offiziell hatten Trainer und Spieler das Kriegsbeil zwar wieder begraben, aber der Trainingszoff hatte die alten Wunden erneut aufbrechen lassen.

Als der Trainer die Vertrauensfrage stellte, kannte das Frankfurter Präsidium nur eine Antwort. Ein Verein könne sich nicht von seinen Spielern erpressen lassen. Selbst das Eintracht-Idol Charly Körbel, zu jener Zeit Kotrainer, unterstützte aus tiefster Überzeugung seinen Chef: »Da kann ein Trainer keine Kompromisse machen. Sonst ist er erledigt. So geht unser Fußball kaputt.« Also kam, was kommen musste: Das Angriffstrio wurde zum Verkauf freigegeben. Gaudino wurde an Manchester City ausgeliehen. Yeboah kokettierte lange mit dem FC Bayern, ging dann zu Leeds United und von da zwei Jahre

TRIO INFERNALE. Maurizio Gaudino, Jay Jay Okocha und Anthony Yeboah verweigerten unter Trainer Jupp Heynckes ein Zusatztraining und mussten gehen.

später zum HSV. Nur Okocha durfte zunächst bleiben, wurde erst im Sommer zu Fenerbahce nach Istanbul transferiert.

Für die Eintracht allerdings hatte der Machtkampf zwischen Trainer und Stars weitreichende Folgen. Obwohl die Rebellen weg waren, verließ auch Jupp Heynckes, unter dem die Eintracht auf einem Mittelfeldplatz herumdümpelte, schon im März 1995 den Verein. Und nur ein Jahr später, zum Ende der Saison 1995/96, stieg Frankfurt sogar erstmals in der Vereinsgeschichte aus der höchsten deutschen Spielklasse ab.

»OB ROTATIONSPRINZIP ODER DETONATIONSPRINZIP: HAUPTSACHE, WIR GEWINNEN.« (CHRISTOPH DAUM)

BRANKO

ZEBEC

Betrunken auf der Trainerbank

Fußball und Alkohol – ein Pärchen, das schon immer zusammengehörte. Speziell bei Trainern, und bei Branko Zebec ganz besonders.

Der Jugoslawe, der Bayern München 1969 zum ersten Double der Bundesliga-Geschichte geführt hatte, musste sich ein Jahr darauf einer Operation an der Bauchspeicheldrüse unterziehen. Seither sollte er eigentlich jeglichen Alkohol meiden. Doch er konnte nicht von der Flasche lassen. Das führte zu grotesken Szenen.

In seiner Hamburger Zeit zwischen 1978 und 1980 verpasste er einmal den Abfahrtstermin zum Auswärtsspiel in Dortmund, jagte dem Bus im Mietwagen hinterher. Auf der Autobahn wurde er von der Verkehrspolizei gestoppt, weil er Schlangenlinien fuhr. Festgestellt wurden 3,25 Promille. Die Beamten brachten ihn zum Stadion, wo er noch einmal Rum, Wodka und Cognac nachfüllte und anschließend von der Trainerbank kippte. Da der Verein es versäumt hatte, den Trainer rechtzeitig aus dem Verkehr zu ziehen, wurde seine Krankheit jetzt auch öffentlich, von den Fotografen unwiderruflich auf Platte gebannt.

Den Schlusspunkt unter die menschliche Tragödie setzte der HSV aber erst nach einem 4:1-Heimsieg über München 1860, als Zebec (Spitzname: Fernet-Branko) betrunken zur Pressekonferenz erschien und sich nicht mehr artikulieren konnte. Der Trainer wurde im Dezember 1980 entlassen, obwohl er den HSV nach dem Meistertitel 1979 erneut zur Herbstmeisterschaft geführt hatte.

Branko Zebec, schon als Spieler Weltklasse, galt als harter Hund und Disziplinfanatiker: So rief er beispielsweise nächtens persönlich bei seinen Spielern an, um zu kontrollieren, ob sie denn auch brav zu Hause waren. Seine Methoden waren unerbittlich, aber erfolgreich. Horst Hrubesch, inzwischen erfolgreich als Trainer mit dem DFB-Nachwuchs, ist voll

> **»FUSSBALL IST WIE SCHACH – NUR OHNE WÜRFEL.«**
> **(LUKAS PODOLSKI)**

des Lobes über seinen Lehrmeister: »Er war mitentscheidend, dass meine Karriere so verlaufen ist«, so der frühere Stürmer. Vor allem eins habe Zebec ihm immer wieder eingebläut: »Mein Junge«, hat er immer gesagt: »Talent allein reicht nicht, wir müssen arbeiten.«

Er betrieb das Training mit wissenschaftlicher Akribie und führte selbst Aufsteiger Eintracht Braunschweig in der Saison 1974/75 mit revolutionärer Raumdeckung zum Erfolg. Borussia Dortmund verhalf er nach 15 mageren Jahren 1982 zurück in einen europäischen Wettbewerb – und musste dennoch nach nur einem Jahr wieder gehen. Erneut hatte er seine Alkoholprobleme nicht in den Griff bekommen, war rückwärts von der Trainerbank gepurzelt, zudem erneut mit 2,0 Promille am Steuer erwischt worden.

Branko Zebec: bis heute einer der erfolgreichsten Trainer der Bundesliga, der aufgrund seiner Alkoholexzesse aber eine eher zwiespältige Erinnerung hinterlässt. Nach dem Ende seiner Trainerkarriere 1984 waren ihm nicht mehr viele Jahre vergönnt, er starb bereits 1988 im Alter von 59 Jahren und ist heute in Zagreb begraben.

BEDAUERNSWERT. HSV-Trainer Branko Zebec auf der Trainerbank in Dortmund.

»SPIELERFRAU!« (MEHMET SCHOLL AUF DIE FRAGE NACH SEINEM TRAUMBERUF)

57 58 59 60 61 62 63 64 65 66 67 68 69 70 71 72 73 74 75 76 77 78 79 80 81 82 83 84 85 86 87 88 89 90 91 92 93 94 95 96 97 98 99 100 × **VERRÜCKTE BUNDESLIGA**

1. AÍLTON – TORJÄGERKANONE AUF EBAY (S. 4), **2. WOLF-DIETER AHLENFELDER** – DER EINZIGE SCHIRI, DER NACH 32 MINUTEN ZUR HALBZEIT BAT (S. 6), **3. RUDI ASSAUER** – DER MACHO IM KAMPF GEGEN DAS VERGESSEN (S. 7), **4. PIERRE-EMERICK AUBAMEYANG** – DER BATMAN AUS GABUN (S. 8), **5. KLAUS AUGENTHALER** – »ICH STELLE HIER DIE FRAGEN« (S. 10), **6. HARRY BÄHRE** – DER SPIELER MIT DER PASSNUMMER 001 (S. 11), **7. MICHAEL BALLACK** – PER EIGENTOR DEN MEISTERTITEL VERGEIGT (S. 12), **8. MARIO BASLER** – SUSPENDIERUNG NACH DER PIZZA-AFFÄRE (S. 14), **9. FRANZ BECKENBAUER** – TRAINERSTART MIT BLAUEM AUGE (S. 16), **10. KARIM BELLARABI** – REKORDTOR IN NEUN SEKUNDEN (S. 18), **11. BRENO** – ALS BRANDSTIFTER IN STADELHEIM (S. 19), **12. RUDI BRUNNENMEIER** – VOM KNAST AUF DEN RASEN (S. 21), **13. REINER CALMUND** – DIE ERSTEN TRANSFERS VON OST NACH WEST (S. 22), **14. DIE ČEBINACS** – VERWIRRSPIEL DER ZWILLINGE (S. 23), **15. DANTE** – MIT ZWEI SONGS IN DEN HITLISTEN (S. 25), **16. CHRISTOPH DAUM** – DIE KOKAINAFFÄRE UM DEN FAST-BUNDESTRAINER (S. 28), **17. MANFRED DREXLER** – ERSTE SPERRE DANK TV-BEWEIS (S. 30), **18. STEFAN EFFENBERG** – EINE WETTE MACHTE IHN ZUM TIGER (S. 30), **19. LUTZ EIGENDORF** – EINE TV-DOKU TITELTE »TOD DEM VERRÄTER!« (S. 31), **20. PETER ENDRULAT** – DER EINZIGE TORWART MIT ZWÖLF GEGENTOREN (S. 33), **21. MARCELL FENSCH** – DER KÖLNER TRIKOTSCHUSSEL (S. 34), **22. JAN-AAGE FJØRTOFT** – MIT EINEM ÜBERSTEIGER ZUR LEGENDE (S. 35), **23. ROLF FUHRMANN** – DER REPORTER DER SCHALKER SCHMERZEN (S. 36), **24. EDUARD GEYER** – DER REKORD MIT ELF AUSLÄNDERN (S. 38), **25. ROGER VAN GOOL** – DER ERSTE MILLIONEN-EINKAUF (S. 39), **26. KEVIN GROSSKREUTZ** – WM-HELD TROTZ DÖNERSKANDAL UND PINKELAFFÄRE (S. 40), **27. OLIVER HELD** – HANDSPIEL, FALSCHAUSSAGE, ABSTIEG (S. 42), **28. THOMAS HELMER** – DAS PHANTOMTOR, DAS TITEL UND ABSTIEG ENTSCHIED (S. 43), **29. THOMAS HITZLSPERGER** – OUTING NACH DER KARRIERE (S. 44), **30. DIETER HOENESS** – EIN TURBAN MIT SYMBOLKRAFT (S. 45), **31. ULI HOENESS** – ABSTURZ ÜBERLEBT, AN STEUERN GESCHEITERT (S. 46), **32. ERNST HUBERTY** – BIS 1988 ZEIGTE DIE SPORTSCHAU NUR DREI SPIELE (S. 48), **33. OLLI ISOAHO** – ZEHN GEGENTORE IN 45 MINUTEN (S. 49), **34. DITMAR JAKOBS** – EINE GROSSE KARRIERE ENDET AM KARABINERHAKEN (S. 50), **35. OLIVER KAHN** – DIE GOLFBALLATTACKE VON FREIBURG (S. 52), **36. KEVIN KEEGAN** – DIE »MIGHTY MOUSE« STÜRMTE DIE CHARTS (S. 54), **37. STEFAN KIESSLING** – EIN PEINLICHES PHANTOMTOR (S. 55), **38. IVAN KLASNIČ** – DER EINZIGE PROFI MIT EINER SPENDERNIERE (S. 57), **39. MAX KLAUSER** – ALS DER SCHIRI K. O. GING (S. 58), **40. JÜRGEN KLINSMANN** – DER BERÜHMTE TRITT GEGEN DIE WERBETONNE (S. 59), **41. LEVAN KOBIASHVILI** – HÖCHST-STRAFE FÜR EINEN REKORDNATIONALSPIELER (S. 61), **42. CHARLY KÖRBEL** – REKORD OHNE ABSCHIEDSGALA (S. 62), **43. TIMO KONIETZKA** – TÄTLICHKEIT GEGEN DEN SCHIRI MIT REKORDSPERRE (S. 64), **44. ERWIN KOSTEDDE** – NEUN MONATE UNSCHULDIG IM KNAST (S. 65), 45. **FRANZ KREMER** – DER GRÜNDERVATER DER BUNDESLIGA (S. 66), **46. DR. PETER KROHN** – DER ERSTE MARKETINGGURU (S. 67), **47. HELMUT »FIFFI« KRONSBEIN** – NACH DEM TOD SEINER FRAU VOR GERICHT (S. 69), **48. MICHAEL KUTZOP** – EIN ELFMETER KOSTETE DEN TITEL (S. 70), **49. UDO LATTEK** – EIN BLAUER PULLOVER ALS TALISMAN (S. 72), **50. HERBERT LAUMEN** – »ICH BIN SCHULD, DASS ES JETZT ALUTORE GIBT« (S. 75), **51. ULRIK LE FEVRE** – DAS ERSTE TOR DES JAHRES (S. 76),